墨香财经学术文库

速度与空间

高速铁路建设的产业分布效应

Speed and Space

The Industrial Distribution Effect of High-speed Railway Construction

王丹丹 著

东北财经大学出版社 大连
Dongbei University of Finance & Economics Press

图书在版编目（CIP）数据

速度与空间：高速铁路建设的产业分布效应 / 王丹丹著. —大连：东北财经大学出版社，2025.5. —（墨香财经学术文库）. —ISBN 978-7-5654-5648-0

Ⅰ. U238

中国国家版本馆CIP数据核字第2025Y8L821号

速度与空间：高速铁路建设的产业分布效应

SUDU YU KONGJIAN：GAOSU TIELU JIANSHE DE CHANYE FENBU XIAOYING

东北财经大学出版社出版发行

大连市黑石礁尖山街217号　邮政编码　116025

网　　址：http://www.dufep.cn

读者信箱：dufep@dufe.edu.cn

大连图腾彩色印刷有限公司印刷

幅面尺寸：170mm×240mm　字数：165千字　印张：14　插页：1

2025年5月第1版　　2025年5月第1次印刷

责任编辑：时　博　孙晓梅　　责任校对：赵　楠

封面设计：原　皓　　版式设计：原　皓

书号：ISBN 978-7-5654-5648-0　　定价：79.00元

教学支持　售后服务　联系电话：（0411）84710309

如有印装质量问题，请联系营销部：（0411）84710711

本书获得辽宁省教育厅基本科研业务费资助（项目号：ZZ202406）

前　言

2008年，京津城际高速铁路的开通标志着中国进入了高铁时代。自此，中国高速铁路建设迅猛发展，截至2025年3月，我国已经成为世界上高铁运营里程最长、在建规模最大的国家。高铁的开通缩短了城市之间的通勤时间，产生了“时空收敛”效应。交通成本的降低提高了城市之间经济要素的流动速度，使经济要素在更广阔的空间范围内进行优化配置，从而对产业的空间布局产生了巨大的影响。目前，在高速铁路对产业分布影响的研究中，多数学者注意到了高铁开通所带来的产业集聚效应，但是对产业集聚的内部特征（如产业专业化集聚和多样化集聚）的影响并没有进行深入探讨。高速铁路的开通并不能创造经济要素，它只是将经济要素从一个区域转移到了另一个区域，因此高速铁路的开通对不同区域的产业结构特征将产生不同的影响。高速铁路的开通将带来产业的专业化集聚还是多样化集聚，是一个值得探讨的问题。

传统的经济学理论往往忽视了经济活动的空间特征。20世纪90年代初兴起的新经济地理学理论将运输成本纳入传统的贸易理论框架中，让人们注意到了经济学理论中的空间因素。在交通经济学的研究中，学者们更需要考虑空间因素及交通基础设施建设的空间溢出效应。基于新经济地理学理论的研究框架，本书采用双重差分方法（Difference-in-Differences，DID）以及空间双重差分方法（Spatia DID，SDID），从企业和城市层面，系统地探究了高速铁路开通是否影响企业的区位选择，是否对城市产业专业化和多样化分布产生影响。

本书的结构如下：

第1章阐述了本书的研究背景，通过分析交通基础设施对城市的影响以及高速铁路研究现状和高铁对产业集聚的实际作用，提出了本书的研究问题：高速铁路的开通是否促进了城市产业的重新布局？此外，本章还进一步介绍了本书的研究意义、研究内容、所采用的研究方法以及本书的整体框架。

第2章界定了高速铁路、城市交通可达性、产业专业化和多样化等相关概念，并介绍了交通基础设施、产业专业化和多样化研究的相关理论起源与发展。另外，本章还针对本书的研究问题梳理了相关文献，夯实了本书的理论基础。

第3章是关于高速铁路开通对产业专业化和多样化影响的理论分析。首先，在新经济地理学的理论框架下，本章对高速铁路开通对产业集聚的影响进行了理论推导，从理论层面分析了高铁开通如何影响产业的集聚；其次，本章分析了高速铁路开通对产业专业化和多样化影响的理论机制。

第4章主要是特征事实，为下文的实证分析提供现实基础。首先，本章梳理了中国高速铁路的发展历程；其次，通过ArcGIS计算城市交通可达性，量化高速铁路的“时空收敛”效应；最后，根据计算的城市产业专业化指数和多样化指数分析城市产业分布特征及演变规律，探讨城市产业专业化和多样化之间的关系。

第5章采用微观经济普查数据，从城市和高铁站两个层面分别检验高铁开通对企业区位选择的影响，论证了高铁开通所产生的产业分布效应，为下文中探究高铁开通对城市产业专业化和多样化的直接效应与空间溢出效应奠定基础。此外，在城市层面，我们将企业按照行业代码进行分类，分析高速铁路开通对不同类型行业的影响，从而证明高铁开通能否促进城市间的产业分工。在高铁开通和企业区位选择因果效应检验的基础上，本章重点探讨其内在的理论机制，并利用中介效应进行实证检验，分析高速铁路开通通过何种路径影响城市企业区位选择。

第6章从产业的集聚特征出发，实证检验高速铁路开通对产业专业化的影响，并且分产业专业化和职能专业化进行考察。首先是高铁开通对产业专业化的影响。我们采用传统的双重差分方法检验高速铁路开通对产业专业化的影响，并将城市根据规模大小进行分类，探讨高速铁路开通对不同规模的城市产业专业化影响的异质性。另外，我们采用空间双重差分方法分析高速铁路开通对城市产业专业化影响的直接效应和空间溢出效应。其次是高铁开通对职能专业化的影响。我们采用与上述产业专业化相同的实证策略，探讨高速铁路开通对不同规模的城市职能专业化影响的异质性，检验高速铁路开通对城市职能专业化的空间溢出效应。

第7章主要分析高速铁路开通对城市产业多样化的影响。我们通过空间计量方法检验高速铁路开通对产业多样化的直接效应和空间溢出效应，并且将多样化分解为相关多样化和无关多样化，分别探讨高速铁路开通对相关多样化和无关多样化的影响。

第8章总结了本书研究的主要结论，在此基础上，我们提出中国高速铁路建设与城市产业布局的政策建议。同时，我们也提出了本书研究的不足之处。

本书的贡献在于：

在研究框架方面，区别于以往仅关注宏观角度的产业集聚，本书构建了一个更为细致的城市产业特征分析框架，从微观和中观层面对产业集聚特征进行了探究；在作用机制方面，不同于以往高铁经济研究的相关文献采用定性分析的研究范式，本书将理论与实证相结合，证明了人力资本和市场规模在高速铁路开通和城市企业数量之间的中介效应；在研究结论方面，高铁开通对产业分布具有明显的空间溢出效应，对不同规模的城市产业集聚特征的影响亦有所不同，需要根据城市特征进行分类并加以研究。

本书在新经济地理学相关理论的基础上，探究了高速铁路开通对城市产业专业化和多样化的直接效应和空间溢出效应，拓展了高铁效应的空间解释，丰富和完善了交通基础设施的产业分布理论。同时，本书为研究高铁经济时代产业发展格局与分布规律提供了科学依据，为决策者更好地进行高速铁路网络规划和制定产业发展政策提供了理论支撑。确定了高铁开通的产业分布效应，决策者就可以因地制宜地发挥本地优势，实现资源的有效配置。这对于高速铁路服务于城市的经济发展来说，具有重要的现实意义。同时，本书的研究也为城市产业韧性的研究提供了一定的参考，在这方面，也仅仅是一次努力的尝试，欢迎同仁们批评指正！

本书的出版得到辽宁省教育厅基本科研业务费资助（项目号：ZZ202406），在此深表谢意。

王丹丹

2025年2月

目　录

1

导论

1.1 研究背景与研究意义

1.1.1 研究背景

交通基础设施建设影响经济活动的区位选择、集聚和演化（刘生龙和胡鞍钢，2011；Zheng and Kahn，2013；周浩等，2015；Lin，2017；周玉龙等，2018；张勋等，2018），其带来的交通成本的降低不仅减少了人们的出行成本，而且削弱了生产要素流动的空间壁垒，推动了人力、资本和技术等要素在更广阔的空间范围内进行优化配置，提升了企业的生产效率（步晓宁等，2019）。城市间人流、物流、信息流的流量和流向以及企业区位选择的改变，都将对城市的产业集聚和发展带来全面而深刻的影响（李红昌等，2016）。交通基础设施包括高速公路、普通公路、城市轨道交通、普通铁路和高速铁路等，其经济效应一直是经济学研究中的经典话题（张学良，2007；周浩和郑筱婷，2012；董晓芳和刘逸凡，2018；葛翔宇等，2019；李涵等，2020；刘晴等，2020）。众多学者探讨了交通基础设施建设对于经济增长的影响，他们认为，交通基础设施建设主要通过两条路径对经济产生影响：一是交通基础设施投资流量通过乘数效应促进经济增长；二是交通基础设施资本存量通过溢出效应促进经济增长，即交通基础设施的空间溢出效应（张志和周浩，2012）。因此，地方政府希望通过基础设施建设吸引资本、人才，促进当地产业与经济发展（耿纯和赵艳朋，2018）。

改革开放以来，我国交通基础设施建设取得了跨越式发展，成为中国经济增长的重要推动力，其中高速公路和高速铁路建设尤为引人瞩目（马光荣等，2020）。2007年年底，我国交通部于1992年提出的

"五纵七横"国道主干线系列计划提前完成，基本建成了国家高速公路网络（白重恩和冀东星，2018；刘冲等，2020）。关于高速公路研究的成果较为丰富，许多学者从不同角度研究了公路交通基础设施对城市人口分布（Baum-Snow，2007；邓明，2014；Baum-Snow et al.，2017；张天华等，2018）、区域经济增长与一体化（刘冲和周黎安，2014；Faber，2014；郭广珍等，2019）、企业资源配置（张光南和宋冉，2013；张天华等，2017）、产业发展（Holl，2004；Datta，2012；高翔等，2015；Holl，2016；刘冲等，2019；李兰冰等，2019）和全要素生产率提高（刘秉镰等，2010；施震凯等，2018）等方面的影响，较为全面地分析了高速公路建设对于城市各方面的影响。

交通基础设施的特征是能够提高要素在空间上的流动性、改变地区间的劳动力市场、促进知识的空间溢出、强化地区的专业化生产能力、增加商品跨区域贸易以及提高居民收入水平等（颜银根等，2020）。高速铁路作为一种重要的交通基础设施，其具有交通基础设施的一般性质。运输成本主要包括运输的直接物流成本和运输的时间成本。与航空运输相比，当时间成本接近时，高铁的物流成本更低。与公路运输相比，高铁运输更加安全快捷，价格相对较低，适用于长距离的城际运输。与普通铁路相比，高铁的物流成本相对较高，但是其较高的运输效率节约了大量的时间成本。总之，高速铁路综合了其他交通运输方式的优点，运输能力强，安全可靠，在一定的距离内可节省时间，旅行舒适度较高。此外，高速铁路受气候变化的影响较小，节约能源和土地资源，保护生态环境，摆脱了交通拥堵等，能够有效地解决大量旅客快速运送问题。因此，高速铁路已经成为世界各国铁路的发展趋势。

目前，我国的高速铁路建设水平稳居世界前列，我国已经成为世界上高铁运营里程最长、在建规模最大的国家。在建成"四纵四横"

主骨架的基础上，中国高速铁路建设的有序推进使高速铁路的服务范围进一步扩大，基本形成了高速铁路网络。高速铁路的开通节省了城市之间的通勤时间，降低了城市之间的运输成本。高铁开通城市依据其便利的交通，强化了与其他城市之间的联系，形成了“1小时经济圈”等概念（饶品贵等，2019）。交通成本的降低使城市之间的企业和个人交流更为密切，有利于信息交换与知识溢出。同时，高速铁路的开通使旅行者可以将交通节省的时间投入其他活动中，增加了旅客的出行需求，并且使旅客在相同的时间内能到达更远的地方（陈胜蓝和刘晓玲，2020），极大地影响了人们的生活与生产方式。我国《“十三五”现代综合交通运输体系发展规划》提出，到2020年，基本建成安全、便捷、高效、绿色的现代综合交通运输体系。交通网络覆盖更加密集，高速铁路将覆盖80%以上的城区常住人口100万以上的城市。以高速铁路通道为依托，以高铁站区综合开发为载体，培育壮大高铁经济，引领支撑沿线城镇、产业、人口等合理布局，密切区域合作，优化资源配置，加速产业梯度转移和经济转型升级。在未来相当长的时期内，高速铁路将深刻地改变中国的区域经济发展和人们的生产、生活方式。

作为新兴大运量客运交通基础设施，高速铁路逐渐成为区域之间最主要的交通运输工具之一，其对城市各方面的影响受到国内外学者的广泛关注。高速铁路建设能够产生一系列直接或间接效应，影响劳动力流动和企业的空间布局（李雪松和孙博文，2017）。学者们对于高速铁路的研究最早集中在高铁对城市交通可达性的影响方面（Cao et al.，2013；Ortega et al.，2014；Wang et al.，2016a；Moyano et al.，2018）。交通可达性的改善是高铁对城市其他方面发挥作用的基础，比如高速铁路开通后，通过压缩城市之间的通勤时间加强了城市之间的经济联系（王姣娥等，2014），促进了城市之间的人口流动（Guirao et al.，2017；Lin，2017；Guirao et al.，2018；Deng et al.，2019），并且加快了城市经济增长速度（Ke et al.，2017；Meng et al.，2018；Li et al.，2018）等。同时，众多学者注意到高速铁路开通对于产业的集聚效应，他们认为，高速铁路的主要服务对象是人，而不是货物（Dong，2018），因而高速铁路的开通主要促进了对人力资本流动依赖性强的服务业的集聚（覃成林和杨晴晴，2016；邓涛涛等，2017；Shao et al.，2017）。尽管高速铁路网是一个纯粹的客运网络，几乎没有直接影响制造业（除了少量的成本减少引起的商务旅行），但是，它可以通过释放运输能力间接影响现有交通网络的通勤和货运服务（Cheng et al.，2015；彭其渊等，2016）。高速铁路的开通释放了普通铁路资源，间接促进了普通铁路货物运输能力的提升，降低了普通铁路的运输成本。另外，高速铁路的开通促进了信息、技术等高端要素的跨区域流动，有利于实现制造业转型升级（李雪松和孙博文，2017）。以上文献均认为，改善客运设施的高速铁路能够促进劳动力跨城市和跨区域流动以及知识交流，从而促进城市产业集聚发展。

目前高速铁路对产业集聚影响的相关研究中，大多将所有产业放在一起进行分析，探讨高铁开通对产业集聚的影响，并没有细分产业集聚的具体特征。实际上，一些产业在某些城市的集聚也伴随着这些产业在其他城市的扩散，即高铁的开通不可能促进同一产业在所有城市同时集聚。也就是说，高铁的开通可能通过发挥各城市的比较优势影响企业的区位选择，进而影响产业在区域范围内的空间布局。一方面，高速铁路的开通减少了城市之间的通勤时间，提高了城市交通可达性水平，加速了区域一体化进程（李雪松和孙博文，2017）。为了提高生产效率，区域一体化会进行明确的城市分工，从而使区域产业分布格局重构。另一方面，由于大城市的“城市病”会产生拥挤效应和集聚租金，地租升高、产业政策以及工资上升等因素迫使一些低端制造业向周边中小城市迁移，形成了一种制造业从大城市转移到周边中小城市的产业扩散效应（Chen and Hall，2012）。由于高铁等快速交通设施使旅行变得更加便捷，企业更愿意将总部或者研发中心设立在拥有大量优秀员工的大城市，通过高速铁路等快速交通基础设施，这些员工能够有效地控制生产成本低的较小城市的生产工厂（Lin，2017）。也有研究表明，高速铁路促进经济活动从大都市向其他城市的扩散取决于后者的城市规模和城市区位（Vickerman et al.，1999）。

一般情况下，经济活动的集聚和扩散是同时发生的：一些高级别的专业活动会转移到大城市，而一些土地依赖性较高或专业化程度较低的经济活动可能会向小城市转移。因此，高铁网络建设通过促进城市之间要素的流动改变了产业的空间分布格局，促使城市产业专业化和多样化发展。城市产业专业化与多样化是区域产业分工的表现形式，高速铁路的开通优化了城市之间的资源配置，深化了城市之间产业的分工与协作（杨勃和王茂军，2017）。各城市凭借自身的自然资源、劳动力资源和社会经济基础等优势，形成了具有自身特点的专业化部门。这些部门构成了城市经济的主体，从而决定了一个城市在整个国民经济中的地位和作用。多个专业化部门形成了地区经济的多样化发展，因此，高铁网络在促进城市某个产业集聚的同时，可能会将其他城市相关产业和相关经济要素转移到该城市，抑制其他城市相同产业的发展；也可能由于比较优势着重发展某个产业，而将其他产业转移到别的城市，形成高铁的产业分布效应。

中国经济已经从高速增长阶段转变为高质量发展阶段，正处于产业结构优化调整的攻关期（郭凯明等，2020）。依靠增加投入和扩张规模的粗放型发展方式难以为继，以提高质量和效率为中心的集约型发展是未来经济发展的必然选择（张天华等，2017）。在此背景下，高速铁路开通作为铁路运输的一次重大变革逐渐改变着人们的出行、工作和生活方式，由此带来产业布局等一系列变化。高速铁路的开通极大地减少了区域之间的距离“摩擦”，缩短了人们的通勤时间，增加了生产者、供销商和消费者之间面对面的交流，释放了更强的生产与消费能力，促进了沿线城市产品、服务和劳动力市场的扩张，加快了产业由大城市向中小城市以及未开发地区的扩散和再布局（蒋海兵等，2010）。高速铁路快速运输优势有利于城市在更广阔的范围内实现资源的优化配置，整合各地优势资源，降低生产成本，推动城市经济的集约化发展。各城市通过分工协作，实现了城市专业和职能分工。高速铁路的产业集聚与分布效应依然遵循相应的内在规律与动力机制。我们基于新经济地理学的视角，分析高速铁路对产业分布的直接效应和空间溢出效应，为高速铁路规划和城市产业发展提供理论指导。

根据目前高速铁路与产业发展的现实背景与研究现状，本书主要尝试回答以下几个问题：第一，高速铁路能够促进人流、物流、信息流的快速流动，那么其是否通过影响企业的区位选择促进城市产业的重新布局？另外，高速铁路开通影响城市产业分布的内在机制是什么？第二，在高速铁路开通产生的产业分布效应的作用下，高速铁路能否实现城市之间产业的分工与协作，即高速铁路是否影响城市产业的专业化和多样化集聚？这种影响是否存在城市间的空间溢出效应？如果溢出效应存在，溢出效应的作用方向是怎样的？第三，不同规模的城市存在不同的产业集聚特征，高速铁路对不同规模的城市产业专业化和多样化的影响是相同的吗？

1.1.2 研究意义

交通基础设施建设对于产业分布的影响一直是交通经济学领域研

究的重要课题之一。近年来，中国高速铁路发展迅速，取得了举世瞩目的成就。高速铁路通过压缩城市间的时空距离和经济距离，加速了城市之间人员、资金、信息、技术等要素的流动，改变了高铁沿线城市经济的发展进程，为区域发展提供了新的途径。高速铁路运量大、速度快的特征成为区域经济一体化、产业与人口集聚以及产业重组和地域分工的主要推动力（李祥妹等，2014）。集聚程度较高的大城市更有利于发展高端产业，而中小城市可能对那些要求土地和劳动力成本较低的制造业有吸引力，因此，高速铁路开通优化了城市之间的产业分布。在中国高速铁路迅速发展的大背景下，本书在梳理国内外相关研究的基础上，从企业和城市两个层面研究高速铁路开通对于企业区位选择以及城市产业专业化和多样化集聚的影响，具有重要的理论意义和现实意义。

1）理论意义

首先，本书在新经济地理学相关理论的基础上，从企业和城市两个层面探讨高速铁路开通对产业分布的影响，丰富和完善了交通基础设施的产业分布理论。当前，在劳动力成本和资源环境等条件的约束下，很多城市面临着巨大的产业转型升级压力，产业结构亟须调整。如何集约、高效地利用有限的资源实现生产效用最大化，成为国民经济实现绿色发展的主要问题。高速铁路开通有助于提升地区之间的交通可达性，节约交易成本和沟通成本，强化知识溢出效应，加速资源流动。城市产业不再受制于城市区位，各城市通过产业转移等发展适合本城市的优势产业。通过本书的研究，补充了高铁开通与产业分布的相关理论。

其次，通过构建基于交通可达性的空间权重矩阵，探讨高速铁路开通对产业分布影响的空间溢出效应，有利于厘清高铁对区域间相互作用影响的内在机理，拓展高铁效应的空间解释。高速铁路作为大运量客运交通基础设施，同普通铁路和高速公路等一般交通基础设施相同，具有显著的空间溢出效应。本书采用空间计量方法，探讨高速铁路开通对于产业分布的直接效应与空间溢出效应。通过对高速铁路溢出效应的考察，为政府部门进行城市产业规划提供理论参考。各城市产业结构不仅受到本城市高速铁路开通的影响，亦受到周围其他城市高速铁路开通的影响，本书注意到高速铁路开通所产生的空间溢出效应，拓展了高铁相关研究的空间经济学解释。

2）现实意义

第一，众多学者注意到高速铁路开通对于产业集聚的影响，但是对其产生的产业分布效应尚未进行更深入的研究。我国幅员辽阔，各地区经济发展条件存在显著差异，实行合理的地区产业专业化分工，对因地制宜地发展国民经济、提高宏观经济效益具有重要的现实意义。与高速公路相比，高速铁路速度快、准点率高、便捷性强等优势使其对产业发展的影响更为深远（陈丰龙等，2018）。本书的目标并不是测算高速铁路开通对于城市产业集聚的影响，而是重点考察高速铁路的产业分布效应。本书通过计算高速铁路开通对产业专业化和多样化集聚影响的直接效应与空间溢出效应，丰富了高铁经济与产业布局的相关研究，为城市产业结构转型升级提供了依据，本书的结论为城市产业结构升级、提高经济效率提供了政策启示。政府部门应充分考虑高速铁路开通的溢出效应，避免城市之间的“虹吸效应”使本城市的经济利益受到损害。

第二，本书系统地探究了高速铁路开通对于产业分布的作用机制，总结了二者之间影响的一般规律。高速铁路已经成为影响国民经济发展与产业结构升级的重要因素，为经济要素的自由流动与配置提供便利。本书采用理论分析与实证检验相结合的方法，探讨高速铁路开通对产业专业化和多样化的影响路径，为政府部门规划高铁线路与产业布局提供理论依据。本书为研究高铁经济时代产业发展格局与分布规律提供科学依据，为决策者更好地进行高速铁路网络规划和制定产业发展政策提供理论支撑。

最后，本书通过考察高速铁路开通对于城市产业专业化和多样化影响的差异，证明了高速铁路开通对不同规模的城市影响的异质性。大城市与中小城市资源禀赋不同，承载能力不同，高速铁路开通放大了城市特征对于产业分布的影响。同时，随着城市之间时空距离的缩短，城市之间趋同的产业结构和重复建设也将失去利润空间，市场化的资源配置使各城市建立自身的特色产业，形成集聚效应。高铁开通强化了城市之间的产业分工与协作，使各城市在市场竞争中占据有利地位。本书的结论对于决策者因地制宜地发挥本地优势、实现资源的有效配置、服务于城市的经济发展具有重要的现实意义。

1.2 研究内容与创新点

1.2.1 研究内容与研究方法

1）研究内容

本书的研究目的是考察高速铁路开通的产业分布效应，检验高速铁路开通是否影响了企业的区位选择，进而促进了城市之间产业的分工与协作，实现了城市产业专业化和多样化集聚。本书的研究内容和研究思路如下：

第一，将中国交通道路网络（高速铁路、普通铁路、高速公路和一般公路）矢量化，将各种类型的道路根据实际情况赋予不同的时速，用ArcGIS中的O-D矩阵网络分析，求得高铁开通前与高铁开通后两两城市之间的最短旅行时间矩阵。通过计算两两城市之间的交通距离与经济距离，得到空间计量分析的权重矩阵。此外，我们进行了城市交通可达性和产业集聚特征的现状分析，为实证分析提供现实基础。首先，介绍了中国高速铁路的发展历程，比较分析了各个城市高铁开通之前与高铁开通之后的交通可达性，通过高铁开通前后交通可达性的对比分析，量化了高速铁路开通产生的“时空收敛”效应。其次，分析了城市产业专业化和多样化指数的空间分布，从整体上把握各城市产业的集聚特征。

第二，基于企业层面的经济普查数据，采用双重差分方法实证检验高速铁路开通对于企业区位选择的影响，通过企业的区位选择证明高速铁路的产业分布效应，为研究高铁开通对产业专业化和多样化的影响奠定基础。对这个问题的实证研究主要从三个层面展开：首先，从城市层面检验高铁开通对于城市企业数量的影响，从而证明开通高铁的城市是否对企业选址更有吸引力。其次，将各企业根据普查数据中的行业代码进行分类，检验高铁开通对于不同类型行业企业数量的影响，证明高铁开通对不同类型行业企业影响的异质性以及不同企业类型是否会存在不同的城市选择倾向。最后，具体至高铁站区，检验高铁站区企业分布是否受高铁开通的影响。通过这三个层面的实证研究，证明高速铁路开通的产业分布效应，并且可能实现不同规模的城市之间的产业分工。

第三，根据高速铁路开通对企业区位选择的估计结果，探讨高速铁路开通对企业区位选择的影响路径。根据理论分析，选取合适的中介变量，采用中介效应方法，检验高铁开通后通过何种途径对城市企业区位选择产生影响。

第四，从城市层面考察高速铁路开通对城市产业专业化和多样化集聚的直接效应与空间溢出效应，进一步证明高铁开通的产业分工与分布效应。首先，采用高铁研究中常用的双重差分方法，检验高铁开通对产业专业化和多样化的影响。同时，城市规模对于城市自身产业定位具有重要的影响，比如一些大城市可能倾向于产业多样化布局，而中小城市资源禀赋有限，可能更专注于产业专业化发展布局。因而，在整体测算高速铁路开通对城市产业分布的直接效应的同时，将城市分为大城市和中小城市，分别测算高铁开通对于不同规模的城市产业分布特征的影响，细化和深化本书的研究。其次，高速铁路作为交通基础设施，具有显著的空间溢出效应。在采用双重差分方法检验的基础上，结合空间计量方法，进一步采用空间双重差分方法，更准确地检验高铁开通所带来的产业分布效应。因此，本书采用三种空间权重矩阵（未开通高铁前交通距离矩阵、开通高铁之后交通距离矩阵、经济距离矩阵），实证检验高速铁路开通对于产业专业化和多样化集聚的直接效应和空间溢出效应，并与一般模型得出的结论相比较，得出更为稳健的结论。

2）研究方法

（1）定性方法

第一，文献研究方法。通过对国内外交通基础设施、高速铁路和产业经济的相关文献进行梳理，总结目前高速铁路和产业集聚相关研究中存在的不足。同时，分析高速铁路开通对城市产业专业化与多样化的影响机理与作用路径，总结产业专业化与多样化集聚的影响因素。

第二，理论推导方法。在克鲁格曼新经济地理学的理论框架下，根据本书的研究内容，将克鲁格曼中心-外围模型（C-P Model）的假设前提进行修改和简化，提出了制造业和服务业两部门理论模型。在给定一些基本假设的前提下，构建高速铁路开通对产业集聚影响的理论模型，从而得到相应的普遍规律。

第三，动态比较方法。通过计算城市交通可达性、产业专业化和多样化指数，对城市交通可达性水平、产业专业化和多样化分布的空间特征以及时空演化等方面进行比较分析，并总结其发展规律。结合各地区高速铁路建设和产业分布的实际情况，为实证分析提供现实基础。

（2）定量方法

第一，采用地理学中ArcGIS网络分析模块，计算两两城市之间的最短通勤时间。根据最短通勤时间矩阵，采用加权平均旅行时间方法，计算每个城市的交通可达性水平，并采用引力模型计算城市之间的经济联系强度。在分析我国城市交通可达性的时空演化的同时，构建无高铁开通时两两城市之间的最短通勤时间、开通高铁后两两城市之间的最短通勤时间，以及城市之间的经济联系强度三种空间权重矩阵。

第二，采用双重差分方法进行异质性检验。采用传统双重差分方法检验高速铁路开通对企业区位选择、产业专业化和多样化的影响。同时，高速铁路的开通对不同规模城市、不同类型行业企业必然产生不同的影响，本书按照城市规模，将产业按照行业代码进行分类，探讨高铁开通对产业分布的异质性影响，从而为高速铁路开通的空间溢出效应提供理论基础。

第三，采用空间双重差分方法。基于新经济地理学理论，建立空间计量模型，分析高速铁路开通对于城市产业专业化和多样化集聚的影响。利用本书所构造的三种空间权重矩阵，采用空间双重差分方法，检验高速铁路开通对城市产业专业化和多样化的直接效应和空间溢出效应。

第四，采用中介效应方法。采用中介效应方法检验高速铁路开通对城市企业区位选择的影响路径。首先，采用逐步法进行检验；其次，采用Sobel检验和Bootstrap方法对高速铁路开通对企业区位选择影响的直接效应和间接效应进行进一步验证。

1.2.2 本书的主要框架与研究的技术路线

1）本书的主要框架

第1章，导论。

本章阐述了本书的研究背景，通过分析交通基础设施对于城市的影响以及高速铁路研究现状和高铁对产业集聚的作用，提出了本书的研究问题：高速铁路的开通是否促进了城市产业的重新布局？另外，本章介绍了本书的研究意义、研究内容、所采用的研究方法以及整体框架等。

第2章，相关概念与文献综述。

本章首先界定了高速铁路、交通可达性、产业专业化和多样化等相关概念，并介绍了交通基础设施、产业专业化和多样化研究的相关理论起源与发展；其次针对本书的研究问题梳理了相关文献，夯实了本书的理论基础。

第3章，高速铁路开通对产业专业化和多样化影响的理论分析。

本章首先在新经济地理学的理论框架下，对高速铁路开通对产业集聚的影响进行了理论推导，从理论层面分析了高铁开通如何影响产业集聚；其次，本章分析了高速铁路开通对产业专业化和多样化影响的理论机制。

第4章，中国高速铁路发展与产业集聚特征事实。

本章主要为现状分析，为下文实证分析提供现实基础。首先，本章梳理了中国高速铁路的发展历程；其次，根据ArcGIS计算的城市交通可达性，量化了高速铁路的"时空收敛"效应；最后，根据计算的城市产业专业化指数和多样化指数，分析了城市产业分布特征及演变规律，并尝试探讨城市产业专业化和多样化的关系。

第5章，高速铁路开通对企业区位选择的影响。

本章采用微观经济普查数据，从城市和高铁站两个层面分别检验高铁开通对于企业区位选择的影响，论证了高铁开通所产生的产业分布效应，为探究高铁开通对城市产业专业化和多样化影响的直接效应和空间溢出效应奠定了基础。同时，在城市层面，将企业按照行业代码进行分类，分析高速铁路开通对不同类型行业的影响，从而证明了高铁的开通能否促进城市间的产业分工。在高铁开通和企业区位选择因果效应检验的基础上，本章重点探讨了其内在的理论机制，并利用中介效应进行实证检验，分析了高速铁路通过何种路径影响城市企业区位选择。

第6章，高速铁路开通对城市专业化的影响。

本章从产业的集聚特征出发，实证检验了高速铁路开通对于产业专业化的影响。另外，本章分别对产业专业化和职能专业化进行了考察。首先是高铁开通对产业专业化的影响。本章采用传统双重差分方法检验了高速铁路开通对于产业专业化的影响，并将城市根据规模进行了分类，探讨了高速铁路开通对不同规模城市产业专业化影响的异质性。进一步地，本章采用空间双重差分方法分析了高速铁路开通对于城市产业专业化影响的直接效应和空间溢出效应。其次是高铁开通对职能专业化的影响。本章采用与上述产业专业化相同的实证研究方法，探讨了高速铁路开通对不同规模城市职能专业化影响的异质性，并检验了高速铁路开通对城市职能专业化的空间溢出效应。

第7章，高速铁路开通对城市多样化的影响。

本章主要分析高速铁路开通对于城市产业多样化的影响。本章采用空间计量方法，检验了高速铁路开通对城市产业多样化的直接效应和空间溢出效应。另外，本章将多样化分解为相关多样化和无关多样化，分别探讨了高速铁路开通对于相关多样化和无关多样化的影响。

第8章，结论与启示。

本章总结了本书研究的主要结论，在此基础上，提出了我国高速铁路建设与城市产业布局的政策建议。另外，根据本书的研究，也提出思考与不足之处。

本书框架图如图 1-1 所示。

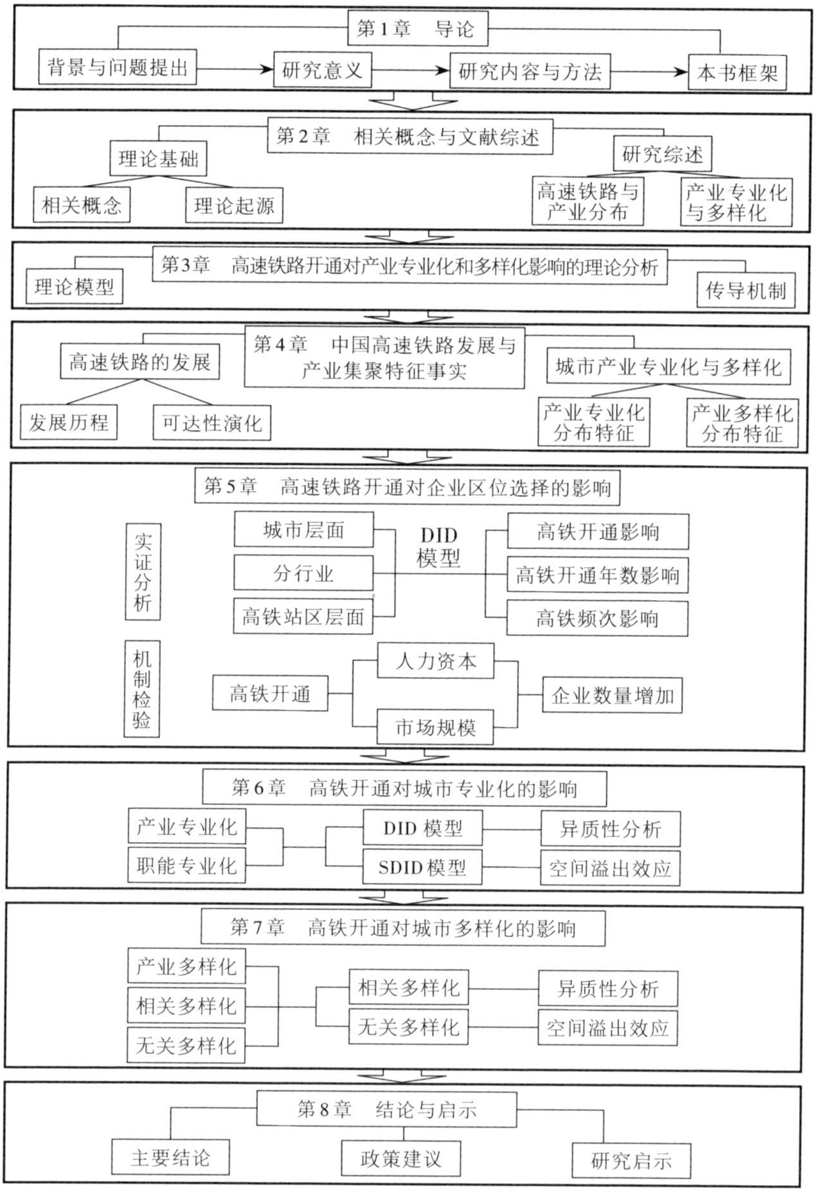

图 1-1　本书框架图

2）技术路线

本书技术路线图如图1-2所示。

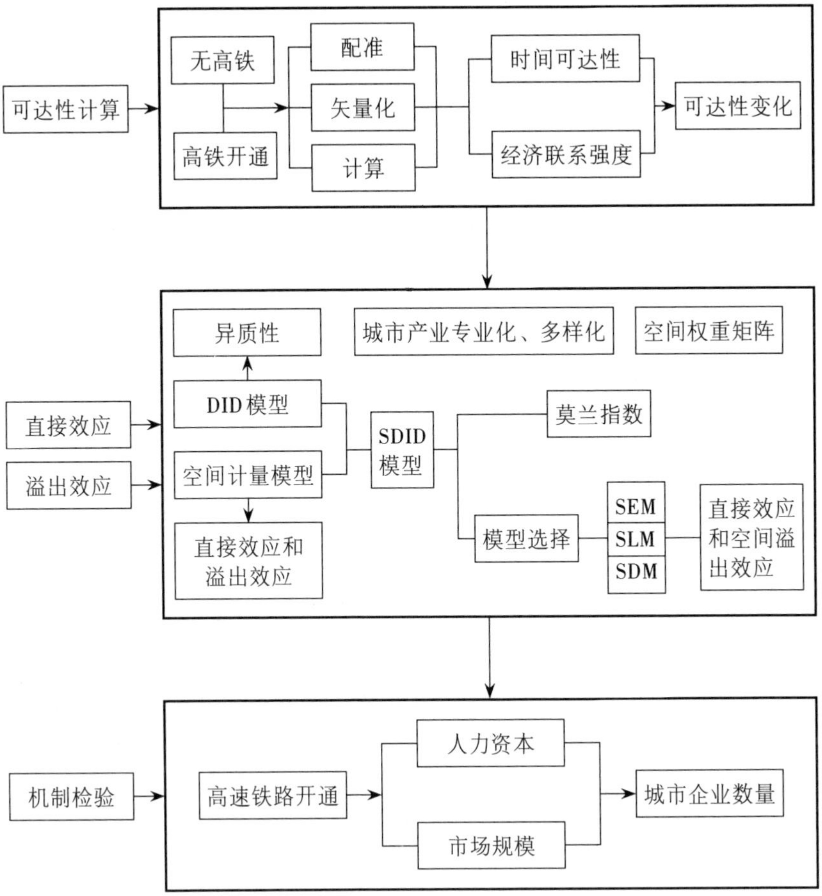

图1-2 本书技术路线图

1.2.3 可能的创新点

基于新经济地理学理论，本书从企业和城市两个层面证明高速铁路开通的产业分布效应，并且重点考察了高速铁路开通对于产业专业化和多样化的直接效应和空间溢出效应。本书的创新点与贡献主要包括以下三点：

第一，在研究框架方面，本书构建了一个更为细致的城市产业特征分析框架，从微观和中观层面提供了对产业集聚特征研究的完整认知。不同于以往仅仅关注宏观角度的产业集聚，本书从企业层面和城市层面较为全面地检验了高速铁路开通对于产业分布的影响。本书采用经济普查数据，探讨了高速铁路开通对于企业区位选择的影响，还探讨了高速铁路开通对于产业专业化和多样化影响的直接效应和空间溢出效应，丰富了高铁开通对于产业集聚特征的研究成果。

第二，在作用机制方面，本书结合新经济地理学的理论框架，证明了人力资本和市场规模在高速铁路开通与城市企业数量之间的中介效应。不同于以往高铁经济研究的相关文献仅采用定性分析的研究范式、对高铁开通的影响路径缺乏实证检验，本书结合理论推导与实证检验，采用中介效应方法，证明了高速铁路开通对于产业集聚的影响路径，为政府更好地规划高铁线路进而实现城市间的产业分工协作提供了理论基础。

第三，在研究结论方面，高速铁路开通对产业分布具有明显的空间溢出效应，对不同规模的城市产业集聚特征的影响亦有所不同，需要根据城市特征进行分类讨论。目前对于高铁开通的经济学研究大多采用双重差分方法，由于数据的可获得性和度量方法等原因，高铁溢出效应的研究较少。本书创新性地采用空间双重差分方法证明了高速铁路开通对产业分布的空间溢出效应。同时，本书证明了高速铁路开通对于不同规模的城市产业的影响存在异质性，因此，在进行城市产业布局时，应充分考虑城市特征与承载能力，采取有针对性的规划策略。

2

相关概念与文献综述

2.1 理论基础

2.1.1 相关概念

1）高速铁路和可达性相关概念

我国将高速铁路定义为“设计开行时速250千米以上（含预留），初期运营时速200千米以上的客运列车专线铁路”。高速铁路开通最直接的影响是提高了城市交通可达性水平。1959年，Hansen首次提出了“可达性”概念，将其定义为“各个节点相互作用机会的大小”（Hansen，1959）。通俗地说，可达性是指一个城市到其他城市的便捷程度（张莉和陆玉麒，2006）。根据沈丽珍和顾朝林（2009）的流动空间观点，增强城市间的连接度可以弱化城市之间的物理邻近性，交通基础设施的改善加速了各城市之间人流、物流、信息流和资金流等空间要素的流动，重新定义了城市区位。本书采用高铁开通引起的可达性的改善度量高速铁路的“时空收敛”效应。高速铁路的修建缩短了城市之间的通勤时间，提高了城市的可达性水平，降低了各城市之间的互动成本，整合了城市之间的空间关系。中心城市作为“增长极”，在高速铁路“时空压缩”效应下，通过支配效应、乘数效应、极化效应与扩散效应等对其他城市经济活动产生组织和带动作用（吴旗韬等，2012）。

要素的自由流动是实现资源优化配置的重要途径，流动的成本越低，对区域经济发展的促进作用越强。高速铁路的修建降低了要素的流动阻力，对于不同的产业来说，在要素集聚和优化配置的基础上，高速铁路开通使区域经济和产业发展呈现出新的格局，有利于实现产业的分工协作，促进了区域的产业结构转型升级和协调发展（吴旗韬等，2012）。

2）产业专业化和多样化相关概念

产业专业化、多样化与“产业集聚”概念密切相关。根据Porter（1998，2000）的定义，集聚是指相关产业内互相联系的企业、专业化的供应商和销售商以及相关机构（如大学、代理商、贸易协会）等在特定区域的竞争与合作。在某些情况下，某一产业的地理集聚与区域专业化的概念是相通的（Long and Zhang，2012），即产业专业化与多样化可以看作产业集聚的两种主要形式。

城市产业专业化是指一个城市的生产要素集中配置在某些特定的产业部门，从而使少数产业部门贡献了该地区增加值（或总就业）总量的大部分（张建华和程文，2012），具体表现为城市某一产业的就业或产出在该城市经济中所占的比重大或该产业相对于全国平均水平而言的相对比重（即区位熵）大。根据区域分工理论，城市专业化不仅包括产业专业化，也包括城市职能专业化。城市职能专业化是指城市根据自身的比较优势参与相应的企业职能环节（苏红键和赵坚，2011）。职能专业化是城市间产业分工的重要组成部分，其存在越来越普遍，主要表现为大城市涵盖研发部门，中小城市主要涵盖生产部门。对专业化的研究多针对国家之间展开，各个国家根据比较优势生产本国优势产品，形成国际专业化分工。城市专业化与国际专业化理论类似，其核心也是中间产品、产业联系与贸易成本。制造业是中间产品的生产者与消费者，具有双重身份，促进了区域产业专业化的集聚。通俗地说，拥有规模较大的制造业部门的区域通常能够提供多种类型的中间产品，这就意味着最终产品的生产具有较低的成本，这是产业的前向联系。相反，最终商品生产规模很大的区域为中间产品提供了巨大的市场，这是产业的后向联系。产业之间的联系能够导致某些制造业部门或特定产业在特定的区域集聚，从而促进分工和专业化的发展。一般来说，专业化集聚通过吸引相似企业的进入扩大本行业的规模，提高企业的生产效率（胡彬和万道侠，2019）。

城市产业多样化是指城市中产业的种类数和各产业在城市中所占的比例所反映出来的产业分布的差异性或均衡性（黄乾，2009）。Frenken等（2007）首次提出了相关多样化和无关多样化的概念，将产业多样化分解为两部分。相关多样化是指一系列存在较强经济技术联系的产业在特定地区分布的产业格局（周国富等，2016），能够产生有利于知识溢出的Jacobs外部性（Frenken et al.，2007）。无关多样化则是一组没有明显技术联系的产业在特定地区分布的产业格局（周国富等，2016），通常具有保护地区免受外部冲击的投资组合效应（Frenken et al.，2007）。

产业专业化和多样化程度一般用来反映城市产业的结构特征。在早期的研究中，一些学者将产业专业化与多样化视为对立的，并且认为产业专业化由于技术的相似性更有利于产业的知识溢出和城市经济发展。事实上，城市产业专业化和多样化并不一定就是非此即彼的关系（Beaudry and Schiffauerova，2009；Melo et al.，2009），城市的产业政策不能一味地追求产业专业化或产业多样化（石东伟和何永芳，2011）。此外，产业多样化并不简单地意味着产业专业化的缺失，而是反映了多种专业化的存在。一个城市中多个产业专业化是城市内部产业竞争的来源，能使经济周期波动和外部冲击互补。城市产业的成熟与发展要经历从专业化走向多样化的过程，短期内政策制定者依照资源禀赋和比较优势打造核心产业，长期中则通过纵向一体化、横向一体化提高产业附加值，强化产业之间的关联，使其延伸到更广的区域和产业范畴，最终通过产业多样化达到促进产业效率提升与就业增长的目的（胡安荣和杨明媚，2016）。对于城市经济发展而言，尽管产业专业化和多样化同时存在，但目前学者们尚未找到二者之间的内在联系（孙晓华等，2015）。

2.1.2 理论起源

1）交通基础设施与产业集聚相关理论

在经济地理学传统理论中，杜能的农业区位论采用“孤立化的方法”排除其他要素（土质条件、土地肥力、河流等）的干扰，探讨市场距离对农业生产方式的配置问题。杜能发现，在不考虑自然条件差异的情况下，在一个均质的假想空间里，农业生产方式的配置和分布与距离城市中心的距离有关。也就是说，影响农业生产方式布局的主要因素是运费率，即交通运输成本对农业生产方式的影响。在追求地租收入最大化，即收益最大化的情况下，交通成本的不同导致了农业土地利用的“杜能圈结构”。

韦伯的工业区位论的中心思想是在均质国家的假设下，各个地方的生产成本相同，原料地和市场确定，运费与产品的重量以及运输距离成正比。在只生产一种产品的情况下，区位因子决定产品的生产场所，企业将在生产费用最小的地点集聚。韦伯经过反复推导，确定了运费、劳动费、集聚和分散三个一般区位因子，这三个一般区位因子决定了工业生产的分布格局。另外，集聚也可以产生规模经济效应，从而对工业最优区位产生影响。规模经济可能由两方面因素造成：首先是工厂规模扩大带来经济利益增长；其次是企业外部经济利益，也就是集聚经济效应，形成规模经济。

克里斯泰勒的中心地①理论主要阐明了理想状态下中心地的数量、各级城市规模和城市的分布模式。克里斯泰勒认为，市场、交通和行政三个因素相互作用，形成了城市等级体系，即不同等级中心地

① 中心地（Central Place）：向居住在它周围地域（尤其是农村地域）的居民提供各种货物和服务的地方。

的分布。但是，现实世界的空间城市体系明显不同于这种市场阶层体系，运输成本的减少和消费的“多样性”打破了原有孤立的、引力型的、不重叠的市场区域理论假设，企业横向和纵向的分工联系导致了专业化中心的出现（沈丽珍和顾朝林，2009）。

上述三种理论均强调了交通成本的重要作用，但是都有在现实情况下并不存在的严格的假设条件。在规模收益递增、不完全竞争和强调运输成本的假设条件下，20世纪90年代以来兴起的新经济地理学（Krugman，1991；Krugman and Venables，1995）结合外部规模经济和运输成本的相互作用，解释了区域产业集中度、区域中心和外围格局的形成原因。克鲁格曼的贸易理论主要关注了制造业的集聚，他提出了一个两部门（农业-制造业）经济模型。其中，农业部门规模报酬不变，其分布仅由内生的土地供应决定。制造业的假定前提是：一个厂商只生产一种产品，且制造业的需求主要来源于工业部门而非农业部门。当运输成本降低时，劳动力的流动使不同区域的市场规模发生变化。由于工业品运输成本的存在，生产地的产品价格低于其他地区。在商品运输“冰山成本”的假设下，厂商的区位选择倾向于市场较大（人口较多）的区域。在工资相同的情况下，工业品价格的降低使人们的实际工资水平提高，促使人口集中于产品的生产地，由此发生了循环累积效应，即制造业会倾向于集中到大的市场，而大的市场会促进制造业的进一步集中。

在克鲁格曼的新经济地理学经典的中心-外围模型中，主要存在本地市场效应、价格指数效应和市场拥挤效应。这三种力量相互作用，决定产业的集聚和扩散。当集聚力大于分散力时，产业的集聚就会发生；反之，如果集聚力小于分散力，则产业的分散就会出现。集聚力和分散力是由贸易成本（贸易自由度）来衡量的，即交通基础设施的改善能够打破集聚力和分散力之间的平衡，使经济活动和产业布局发生改变。因此，在中心-外围模型中，贸易成本即交通成本关系着经济活动的空间分布。交通基础设施通过影响交通成本和生产要素成本，最终影响城市人口规模和产业分布，形成城市产业专业化和多样化的产业结构特征。

2）产业专业化和产业多样化相关理论

集聚经济是企业和人们在城市和产业集群中由于相互邻近而产生的效益（Glaeser，2010）。这种效益从根本上来说是由运输成本的减少而产生的，因为相邻的企业比跨区域的企业更容易产生联系。交通运输成本可以理解为商品、劳动力和思想交换的难易程度。当交通运输成本降低的时候，集聚经济似乎不那么重要了，但是，即使商品和知识在区域之间的流通更为容易，产业的集聚依然是至关重要的。有关外部经济的分析最早可以追溯到马歇尔。马歇尔认为，外部经济常常发生在许多性质相似的企业集中的地方。马歇尔阐述了集中在一起的厂商比单个厂商更有效率是因为厂商地理集中能够促进专业化供应商队伍的形成、劳动力市场共享以及知识外溢。首先，任何货物总产量的增加都会扩大代表性企业的规模，从而提高了其内部经济性；其次，总产量的增加会提高其外部经济性，从而可以使用较少的劳动力和花费较低的代价来制造货物。也就是说，劳动和资本的增加导致组织技术的改进，从而提高了劳动和资本的使用效率。

此后，李嘉图在其代表作《政治经济学及赋税原理》中提出了比较优势理论。在完全自由贸易的情况下，两个国家可以实行完全的专业化分工（Ricardo，1951）。国际贸易的基础不只是劳动生产率的绝对差异，只要各国存在生产率的相对差异，就会出现生产成本和产品价格之间的区别，从而使各国在不同的产品上具有比较优势，促进了国际分工和国际贸易的发展。当出现国际分工时，由于劳动力的分工更为合理，各国都生产适合本国国情、气候，具有其他自然优势和人为优势的产品，并且将这些产品与其他国家的产品进行交换以增加人们的享受。对于人类的幸福来说，这与利润的提高使享受增加的效果是一样的。在商业完全自由的体制下，各国必然将其资本和劳动用于生产对本国最有利的商品，这种对个体利益的追求同整体的普遍利益联系在一起，产生了最有效且经济的分配活动。此外，弗农（Vernon）提出的"产品生命周期理论"和赤松提出的"雁阵模式"都对国际产业空间转移进行了阐述。区际产业转移可以看作经济发展过程中区域间比较优势转化的必然结果，它是指发达地区向落后地区不断转移在发达地区已经丧失优势的产业（安虎森，2006）。

以上是关于产业专业化最早的理论研究。Marshall（1920）提出"外部经济"的概念后，Arrow（1971）将其形式化，Romer（1989）对其进行了修正和补充，后来被学术界称为Marshall-Arrow-Romer（MAR）外部性，用以解释相同产业内企业之间的知识溢出（Glaeser et al.，1992），强调区域产业结构专业化对经济的积极影响。MAR外部性是指属于同一个产业的大量企业集中在特定区域，有利于知识的外溢和扩散，并且能够共享专业化的劳动力、专业服务、供应商和销售商，有利于产业内部的厂商节约成本并进行技术创新，从而有利于地方的经济增长。这种同一产业中的大量厂商在同一个地区集聚的现象也被称为地方化经济（Localization Economies）或专业化集聚（Specialized Aggregation）（邓艾和袁金辉，2017）。Porter（1998）的理论类似于MAR外部性，他认为地理集中、专业化的产业之间的知识溢出能够促进经济的增长，但是，他也坚持区域内的竞争促进了企业创新。

不同于MAR外部性，Jacobs（1969）认为在地理上邻近的产业多样化比地理上的专业化更容易促进创新和增长。这在后来被称为Jacobs外部性，主要强调知识在互补而非相同的产业间溢出所产生的多样化外部性。Jacobs指出，大量多样化产业在同一个地域的集中更能带动经济增长。Jacobs外部性的核心思想是不同产业部门的厂商集聚在同一个地方，不仅可以共享城市基础设施，还可以形成跨产业的知识互补和创新搜寻，因此大量多样化产业的厂商集中比同类产业厂商集中更能促进经济增长。这种不同产业部门的多样化企业的集聚也被称为城市化经济（Urbanization Economies）或多样化集聚（Diversity Aggregation）（Jacobs，1969；邓艾和袁金辉，2017；黄继忠和冀刚，2018）。

2.2 文献综述

2.2.1 高速铁路研究的相关文献

1）高速铁路开通对城市交通可达性的影响

高速铁路开通的最直接影响是缩短了城市之间的旅行时间，提高了城市的可达性水平，产生了“时空收敛”效应（Xu et al.，2018）。高速铁路开通使城市可达性提高是引起生产要素流动、城市经济发展的基础。高速铁路开通不仅提升了城市之间的可达性，也提高了区域之间的可达性，减少了城市之间和区域之间的通勤时间。高铁开通提高了高铁站的可达性，缩短了高铁站点到达其他城市的时间。Zhang等（2016）采用最短旅行时间、可到达的区域、服务人数、1~4小时等时线人口潜力四个指标，分析了塘沽区火车站的可达性情况。结果发现，2007—2012年，该车站可达性显著提高。高铁开通不仅使该地区到西北地区出现了“时空收敛”效应，而且加强了不同区域之间的相互联系。虽然由于一些常规铁路线路的减少，该车站到东北地区的最短旅行时间略有增加，但是并没有影响整体可达性的上升趋势。

Shaw等（2014）计算了2008—2013年高铁开通对中国城市可达性的影响。结果发现，高铁开通显著地提高了城市的可达性水平，且呈现出明显的沿高铁线路“廊道效应”。此外，Jiao等（2017）认为，高铁开通改善了高铁沿线城市，尤其是那些人口密集和经济发达城市之间的连通性，并提升了它们在城市网络中的排名。钟业喜等（2015）基于列车时刻表测算了城市高铁开通对于可达性的影响，结果发现，高铁网络的发展提升了城市的可达性水平，但不同城市可达性的改善程度存在差异。在此基础上，他们测度了基于高铁站点的一日交流圈，结果发现，中心城市一日交流圈的范围与高铁线路布局有关，主要沿着高铁的走向扩展。王姣娥等（2014）通过构建时间成本矩阵，采用引力模型计算了城市之间的经济联系强度。结果发现，高速铁路开通显著增加了各城市的对外经济联系总量，并且缩小了各城市对外经济联系总量的差异。但是，从城市对来看，高速铁路开通扩大了城市对之间的经济联系强度差异。

此外，学者们也注意到一个普遍现象，就是高速铁路开通在提高城市可达性的同时，也可能形成非均衡的“时空收敛”效应，使城市的可达性出现两极分化（Gutiérrez，2001），从而边缘化一些中小城市。这种影响的不均等产生的原因可能有两个：第一，高铁线路的分布问题。有的区域高铁线路密集，导致一些边缘城市被忽略掉。第二，高铁网络内部不同高铁线路在主导力和运营频次上存在等级层次性，使高铁网络可达性有明显的空间差异（姜博等，2016）。Monzón等（2013）认为，高铁网络的扩张能够加剧区域空间的不平等并导致空间的极化现象。Kim和Sultana（2015）以韩国高铁为例，探究了高铁开通对城市可达性的影响。结果发现，随着高铁的延伸，大部分城市缩短了旅行时间，增加了城市的吸引力。但是，随着可达性的提高，2010年和2011年城市可达性的空间公平性开始下降，优势地区主要集中于首都首尔附近已经开通高铁的城市。2018年，高铁的延伸进一步加剧了可达性的不平等，孤立了韩国东北部和西南部一些地区。Jiao等（2014）采用三种指标测算了中国地级城市的可达性。结果发现，高铁开通显著提高了我国城市可达性水平，并带来了“时空收敛”效应。但是，高铁开通也加剧了东中西部城市可达性的不均等。Ortega等（2012）以西班牙高铁为例，从区域、高铁走廊和国家三个层面探讨了高铁开通的收敛效应。结果发现，在国家和高铁走廊层面，高铁对城市可达性具有积极的收敛效应；在区域层面，却存在极化效应。Sánchez-Mateos和Givoni（2012）测算了欧洲新修建一条高铁线路对城市可达性的影响，他们发现，新修建高铁能够有效地减少旅行时间，连通伦敦的城市旅行时间明显减少。但是，并不是所有城市之间的旅行时间都能够减少，因此，新建高铁线路强化了伦敦在英国的中心地位。

2）高速铁路开通对人口流动的影响

高速铁路具有特殊的服务属性，主要为客运提供服务，对其他交通运输方式起到替代或补充作用。Lin（2017）通过调查问卷发现，有很大一部分（25%~40%的短途旅行和40%~60%的长途旅行）高铁乘客以商务旅行为主要目的。另外，对于长途旅行来说，高铁主要替代了航空旅行；在短途旅行中，高铁主要替代了传统的铁路和公路运输。因此，高速铁路的开通大大促进了人口的流动速度。

人口的流动趋势可以在某种程度上反映产业的发展，产业的集聚与扩散亦是影响人口流动的主要因素，相关产业的发展能够引起同类产业从业人员的集聚。因此，产业从业人员的集聚与当地产业发展战略是一致的，具有交通优势的地区通常对人口和经济活动具有吸引力。Chang和Lee（2008）认为，高铁开通引起的可达性的提高能够提高客流量。Kasraian等（2016）系统总结了美国、欧洲和东亚交通基础设施和土地利用的关系，他们发现，靠近铁路网络的地方通常伴随着人口的增长，土地经常转换为居住用地，且发展为更高的居住密度。同时，邻近公路网络的土地经常用来发展工业和商业，就业密度会增加。高铁的开通加速了城市的人口流动（Guirao et al.，2018）。高铁的开通减少了劳动力的流动成本，扩大了劳动者的就业范围，劳动力通过就业选择影响人口流动的方向。对于城市来说，各城市通过高速铁路整合城市内部和外部市场，扩大了市场规模，从而增加对人才的吸引力。因此，高铁开通对人口流动影响的研究通常从就业方面来展开。

Coronado等（2019）通过对西班牙城市人口增长的研究发现，城市人口的增长与交通基础设施的改善、高铁开通时间、城市区位和城市规模有关。高速铁路的开通通过增加开通城市的经济活动增加就业。Sasaki等（1997）检验了日本新干线对经济活动和人口分布的影响，结果显示，新干线的开通不能解决人口和经济在发达地区过于集中的问题。也就是说，新干线的开通并不能使人口和经济活动向其他地区分散，人口依然集中于新干线经过的城市。杜兴强和彭妙薇（2017）考察了高铁对企业高级人才流动的影响，他们发现，高铁通过扩大市场规模增加了企业的数量、扩大了企业的规模，从而增强了城市对于高级人才的吸引力，并显著地增加了上市企业聘请的博士学位高级人才。Lin（2017）采用双重差分方法检验了高速铁路对城市就业和专业化的影响，结果发现，高铁的开通使乘客增加了10%，就业增加了7%。此外，董艳梅和朱英明（2016）发现，高铁的开通显著地提高了城市的就业水平，但是主要对大中城市和东部、中部城市的就业影响显著。

3）高速铁路开通对产业集聚的影响

交通运输条件的改善对产业发展的影响强度主要取决于运输成本

在特定产业产品成本中的比重。在规模收益递增的情况下，若地区间的交易成本没有大到足以产生市场分割，就能导致产业的集聚（金煜等，2006）。也就是说，交通运输成本的降低能够提高产业的集聚水平。张建华和程文（2012）的研究支持了上述说法，他们认为，地区之间产品的交易成本越低，越趋向于通过贸易来购买本地区不具备比较优势的产品，从而使各个地区的产业结构趋于专业化。唐宜红等（2019）发现，高铁开通后，地区之间通过降低固定贸易成本促进了企业出口。此外，高铁开通后通过竞争逃避效应、创新溢出（虹吸）效应和市场规模效应作用于企业创新活动，影响了企业的创新水平（诸竹君等，2019）。

高铁主要为乘客服务，因而对第三产业有着重要的影响，可达性高的办公地点对企业更具吸引力（Willigers and Van Wee，2011）。Glaeser和Kohlhase（2004）认为，制造业应该位于人口密度低的地区；而服务业应该位于人口密度高的地区，并且应该靠近供应商和客户。第三产业的发展对高技能劳动者提出了更高的要求，高铁的开通可以显著降低人们的运输成本，从而促进第三产业的集聚。由于高速铁路可以满足第三产业与现代制造业对出行机动性的需求，因此能够促进高铁沿线地区的产业发展与产业结构升级（张祖贤和张国伍，2015）。高铁引致的市场辐射范围的扩大和人口流动速度的加快能够细化产业分工，使各城市充分发挥自身的优势，承接或着重发展相应的产业，强化各地区的产业分工与经济联系（张祖贤和张国伍，2015）。在产业结构方面，高速铁路的发展对不同产业的影响不同，进而影响城市的产业结构，形成产业的分布效应。

第一，高速铁路的开通可能引起城市内部产业分布格局的变化，吸引各种产业聚集在高铁车站区域。王丽等（2017）以我国南京站为例，基于微观数据量化了高铁开通前后站区产业空间结构的变化。研究发现，高铁站区产业空间呈明显的环状结构，产业布局呈现明显的集聚趋势。此外，高铁开通后，商业服务业的空间集聚程度明显高于其他行业。综上所述，高铁的开通可以促进高铁车站周边产业的集聚。然而，高铁车站周边的产业格局受高铁车站区域和城市产业特征的影响。集聚能力、企业个体和产业特征因素共同决定了高铁车站周边的产业布局。具体来说，城市高铁车站的位置、地租成本、高铁车站的服务能力都影响车站区域的产业格局，这些因素对不同类型的产业有不同程度的影响。例如，Beckerich等（2019）进行了两次问卷调查，他们发现，位于法国兰斯边缘高铁站的商业服务与该地区的工业特征相关，然而，中心高铁站周围的企业则倾向于位于接近最终客户的地方，并且从良好的连通度中获益。

第二，与没有开通高铁的城市相比，开通高铁的城市产业集聚水平提高较快。Garmendia等（2012a）从城市企业选址的角度进行研究，他们发现，高铁的开通和高铁的服务水平对不同类型行业企业的办公选址有很大的影响，高铁可以改变城市原有的企业区位布局。对于企业的选址决策而言，高铁的开通能够使企业以更低的成本搜寻到供应商（Bernard et al.，2019）和合适的劳动力（Heuermann and Schmieder，2019），利用更好的知识溢出效应，从而提高企业的生产效率（Dong et al.，2020）。这些机制都使得企业的收益增加，因此企业更倾向于在高铁城市选址（王媛，2020）。李雪松和孙博文（2017）以京广高铁沿线城市为样本，采用处理效应模型探讨了高铁开通对站点城市制造业集聚的影响，结果发现，高铁开通对站点城市制造业集聚效应的影响经历了集聚加速、集聚弱化和扩散三个阶段。高铁开通提高了城市制造业的集聚水平，而中心城市制造业处于集聚弱化阶段，此时扩散效应逐渐显现。与此同时，高铁开通对非区域中心的中小城市制造业的影响处于集聚加速阶段，逐渐增强了中小城市整合利用周边资源的能力。此外，众多学者关注到高铁对服务业的影响。大多数学者认为，高铁的开通可以使经济因素流向城市（Sands，1993），促进服务业集聚（邓涛涛等，2017）。覃成林和杨晴晴（2016）认为，高速铁路通过增强城市之间的经济联系促进生产性服务业的集聚；城市高铁开通时间越早，高铁对生产性服务业的集聚效应越明显。Dong（2018）采用中国地级市面板数据实证检验发现，高铁的开通主要对零售批发、旅店餐饮部门的就业人数有显著影响，其他部门受高铁的影响并不显著。董艳梅和朱英明（2016）研究发现，高铁开通使生产性服务业的就业增长一直呈上升趋势，说明高铁开通对于城市生产性服务业的就业增长效应具有长期性，有助于生产性服务业在高铁城市与非高铁城市之间实现专业化分工与区域一体化发展。Chen和Hall（2011）认为，高速铁路主要对服务业，尤其是知识密集型服务业具有重要影响，从而加速了经济发展。

第三，实施人力资源管理可以加强城市之间的经济联系和生产部门之间的沟通，从而改变区域内部的产业结构，形成区域内产业分工。Chen和Vickerman（2016）认为，高铁可以促使制造业分散到土地成本和其他成本更低的地区，运营由管理人员维持，他们可以乘坐高铁与母公司进行沟通，并且在不同的公司之间开展外部活动。Puga（2002）指出，高铁可以促进商业人员自由流动和企业总部在高铁沿线地区积累。区域间劳动力的自由流动可以促进区域经济一体化和产业集聚同步发展，高铁鼓励大城市以更“健壮的”活动分散策略来定义和调整经济活动地点（Garmendia et al.，2012b）。此外，高铁可以促进某些特定行业的发展，尤其是服务业的发展。例如，Campa等（2016）以西班牙、Pagliara等（2017）以意大利、邓涛涛等（2016）以中国长三角地区作为案例研究，证明了高铁对区域旅游的发展有重要影响。Ji等（2012）认为，高铁将进一步促进房地产业、商业等服务业的发展，进而影响区域经济结构。肖雁飞等（2013）验证了武广高铁对湖南生产性服务业发展的影响，且随着高铁开通时间的延长，这种影响将不断增强。然而，一些新的研究表明，高铁对不同类型产业集聚的影响是不同的。Shao等（2017）的研究发现，高铁的开通对促进高铁沿线服务业集聚具有重要作用，他们将服务业分为生产性服务业、消费性服务业和公共服务业三类进行分析。他们发现，高铁开通对生产性服务业集聚的影响显著，但对消费性服务业和公共服务业的影响不显著。王鹏和李彦（2018）认为，在城市群的中心-外围层面，高铁建设有利于实现各城市的专业分工，促进中心地区生产性服务业的集聚，且促使制造业在外围城市集聚，从而形成了城市群多中心的发展模式。

第四，高速铁路开通能够有效地促进产业结构升级。学者们普遍认为，高速铁路的开通对于服务业发展的作用更大，从而促进了产业结构优化升级。这里的服务业可以定义为需要人到人运输的部门，因为服务业与制造业相比，包含了更多面对面的联系。因此，对于服务业的顾客和工作人员来说，越是接近顾客，越能节省运输成本（Glaeser，2010）。高铁对于产业分布的影响更多的是通过知识和技术创新的空间溢出效应发挥作用，地理位置和空间因素成为解释创新和技术变革的关键因素（Audretsch and Feldman，2003）。李建明等（2020）的研究发现，高速铁路的开通显著地促进了第三产业占比的增加，并导致第二产业占比的相对下降，实现了从“生产”到“服务”方向的产业结构升级。邓慧慧等（2020）认为，高速铁路加快了劳动力在城市之间的流动速度，通过规模经济效应、技术创新效应和资本劳动力优化配置效应推动了城市产业结构的合理化和高级化。蒋华雄等（2017）采用修正市场潜力模型分析了高铁开通对于城市产业结构的影响，结果发现，高铁的开通提高了城市服务业的比重，降低了城市制造业的比重。对于以制造业为主的城市，高铁的开通主要促进了一般服务业的发展；而对于以服务业为主的城市，高铁的开通主要促进了高端服务业的发展。

4）高速铁路开通对城市经济增长的影响

高速铁路建设的最终目的是实现经济稳定增长，提高经济生产效率。交通基础设施的改善降低了城市和区域之间的贸易成本，提高了居民的收入水平（Donaldson，2018）。高速铁路开通后，通过优化资源配置促进了城市经济的增长，形成了经济分布效应（Jia et al.，2017）。Chen等（2016）认为，高速铁路主要通过引发需求、增加产出、减少运输成本和提高生产效率来促进经济增长。王雨飞和倪鹏飞（2016）认为，高铁的开通强化了中国区域间经济增长的溢出效应，同时证明了交通对经济发展的增长效应。张俊（2017）以2008—2013年中国县级城市为样本，采用夜间灯光数据代表县级城市的GDP，考察了高铁开通对经济发展的影响。研究结果显示，高铁的开通对有高铁的县级市经济增长的贡献为34.64%，对县级单位经济增长的影响不显著。Li等（2016）以中国长三角城市群为例，采用局部加权模型和地理网络加权模型，考察了高速铁路对经济活动的分布影响。研究结果表明，高铁对经济活动的空间再分配有较大的影响，原因是高铁使生产要素的流动性加快了。在投资活动中，高铁使投资活动流入高铁沿线的二线城市，并且强化了核心城市的地位。对于消费活动来说，高铁使消费流入未开通高铁的边缘地区。

另外，高铁开通后也可能存在城市间的“虹吸效应”，对不同类型城市的影响程度不同（年猛，2019）。高速铁路的开通加速了跨地区的资本流动，资本更容易从中小城市流入大城市（马光荣等，2020）。Dong（2018）认为，高铁的开通能够使高铁城市吸引周边城市的经济活动，促进城市的发展。Diao（2018）发现，高铁的开通能够促进城市固定资产投资的增加，进而促进城市经济的发展。但是，这种影响与城市规模有关，与小城市和大城市相比，人口较多的二线城市更能吸引投资。张克中和陶东杰（2016）证实了高速铁路的“虹吸效应”，他们发现，高速铁路的开通显著降低了沿途非中心城市的经济增长率，且距离区域中心城市越近的地级市，受到高铁开通的负向影响越大。张梦婷等（2018）认为，高速铁路提高了城市的市场准入门槛，促进了外围中小城市资本和劳动力向中心城市转移，从而产生了中心城市对外围中小城市的“虹吸效应”，最终对外围中小城市的企业生产效率产生了负向影响。Li和Xu（2018）以日本城市为研究样本，他们发现，日本新干线促进了服务业向中心地区集聚，从而产生了经济的极化效应。以上研究均证明了高铁的经济分布效应，主要分为溢出效应和“虹吸效应”。但是，高铁促进经济增长的作用途径与产业的发展密不可分，即高铁通过影响城市产业的分布影响了各城市的经济发展。

2.2.2 产业专业化和多样化相关文献

1）城市产业专业化的影响因素

学者们对于城市产业专业化、多样化与城市经济增长因果关系的研究大多从产业集聚角度展开，他们认为专业化集聚和多样化集聚是产业集聚的两种表现形式（孙晓华和郭玉娇，2013；范剑勇等，2014；刘乃全等，2016）。从集聚的角度来看，产业的集聚包括产业内集聚和产业间集聚，即专业化集聚和多样化集聚。经济活动集聚通过降低运输成本、实现规模经济以及产生知识外部性从而推动区域经济增长（彭向和蒋传海，2011）。Ke（2010）讨论了城市生产率与产业集聚的内生关系。他认为，生产率的提高不仅与传统的要素投入有关，而且与集聚经济密切相关；他证明了产业集聚与生产率提高的因果关系。

比较优势和劳动力优势所决定的经济活动的地理集中使许多城市形成了一个或少数产业的专业化（Diamond and Simon，1990）。根据新经济地理学的贸易理论，城市通过有效利用技术和资源禀赋的比较优势、规模经济和集聚效应，达到了更高的专业化水平（Krugman，1991；Krugman and Venables，1995）。对于产业专业化和多样化的研究，多数学者重点关注了其经济效益（Harrison，1996；Maryann and Feldman，1999；Lucio et al.，2002；Frenken et al.，2007；Groot et al.，2016）和技术创新作用（Crescenzi et al.，2012；Wang et al.，2016b）。企业之间知识的外部性通常仅发生在同种类型的企业中，根据地理学第一定律，通常同一区域内同类企业才能产生知识的外部性（Beaudry and Schiffauerova，2009）。但是，有学者提出，较高的专业化水平也可能具有脆弱性的缺点，可能更容易受到外部冲击的影响，导致各经济体之间的不对称发展和增长率差异（Basile and Girardi，2010）。因此，主流经济学认为，经济增长来自基于比较优势基础上的专业化分工，经济稳定则来自融合了多项经济活动从而能分散风险的多样化产业格局（Wagner and Deller，1998）。目前，关于产业专业化和多样化影响因素分析的研究成果相对较少，因此本书重点关注高铁与产业专业化和多样化集聚的因果效应。

首先，交通基础设施的改善及运输成本的降低能够影响城市产业专业化的发展。地区之间的交易费用越低，各区域越倾向于通过贸易来购买不具备比较优势的产品，因此地区产业结构可能倾向于专业化（张建华和程文，2012）。郭树华和李石松（2016）探究了云南省综合交通运输体系对农业产业专业化集聚的影响，结果发现，综合交通运输体系的改善对于农业产业专业化集聚具有积极的影响。另外，经济政策的实施以及科学技术的进步对农业产业专业化集聚同样具有正向的积极效应。杨勃和王茂军（2017）的研究发现，中国城市专业化水平普遍提升，并且主要集中于高铁网络较为完善的“四纵四横”地区。高铁的开通对城市专业化分工具有正向影响，并且系数的大小与城市规模的关系呈U形。Duranton和Puga（2005）认为，远程管理成本的降低能够导致城市和产业结构的均衡转换。城市从专业化的部门（有综合的总部和各生产工厂）转化为专业化的职能，即企业总部和商务服务集中在大城市，生产工厂集中在中小城市。Zheng和Kuroda（2013）采用动态面板数据检验了经济政策对中国高新技术产业集聚和产业专业化的影响。结果显示，高技术导向型出口政策和补贴促进了高技术产业的专业化集聚，而地方保护主义阻碍了高科技产业的集聚。交通基础设施水平作为控制变量，对于城市产业的专业化水平具有显著的正向影响。

其次，其他因素也可能影响城市产业的专业化布局。He等（2017）认为，外商直接投资（FDI）和可变的融资渠道对中国产业专业化模式的形成具有显著的作用。樊福卓（2007）认为，贸易有助于地区专业化的进一步发展，而地区专业化也将增加人们从贸易中得到的收益。Zheng和Kuroda（2013）发现，实施出口政策和科技补贴政策对高新技术产业的专业化和集中起到了促进作用，但是地方政府的保护政策会阻碍高新技术产业的集中。Long和Zhang（2012）从企业角度测算了产业集中、区域专业化和集聚，他们发现，中国快速工业化的特点首先是产业在空间的集中，其次是区域专业化程度提高，最后是产业内和产业间的企业联系更加紧密，集聚地区的企业数量远远超过非集聚地区的企业数量。在国家层面，Vogiatzoglou（2006）对北美自由贸易协定国家（NAFTA Countries）的产业结构进行了研究，发现北美经济一体化促进了国家之间产业专业化的发展。

最后，众多学者对城市产业结构变化的影响因素进行了研究。胡安俊和孙久文（2014）发现，中国的制造业已经出现由东部地区向中西部地区大规模转移的现象，交通基础设施的改善使产业向外扩散。胡向婷和张璐（2005）研究了地方保护主义对产业结构的影响，她们认为，贸易成本（运输成本和贸易壁垒）对地区间的产业结构趋同具有显著的正效应。也就是说，贸易成本增加会促进各城市之间的产业结构趋同，而贸易成本降低则可能扩大城市之间产业结构的差异。杨亚平和周泳宏（2013）发现，土地和劳动力相对成本的上升能够对工业产生“挤出效应”，对服务业产生“促进效应”。国内城市间劳动力和土地成本的差距及变化，促使产业资本向外扩张或向其他产业转移，使城市内部产业结构得到升级。

2）城市产业多样化的影响因素

在早期的研究中，很多学者认为产业多样化与专业化是对立的。随着研究的不断深入，越来越多的学者认为产业多样化与专业化并不完全是负相关关系。例如，Malizia和Ke（1993）指出，一个城市有多样化的产业结构不代表该城市没有专业化的产业部门。产业多样化反映的是多个产业间的相互联系，而产业专业化反映的是相似产业内部技术的提高与成熟。专业化外部性和多样化外部性并不是互相排斥的，因为专业化是指某一区域范围内某一产业部门的特征，而多样化是指在整个空间范围内的产业属性特征（Beaudry and Schiffauerova, 2009）。这说明应该用两个不同的指标来衡量区域产业的专业化和多样化水平。Frenken等（2007）认为，多样化和经济发展之间存在三类关系：第一类是除了同一部门企业之间的专业化知识溢出外，不同部门之间同样发生了知识溢出。第二类是相关多样化对经济增长的影响，并且相关多样化对失业率有着重要影响。当一个区域受到某种政策冲击时，相关多样化能有效保护该区域的经济稳定。第三类是无关多样化对经济系统的影响。产业之间的无关多样化能够有效地解决区域内的结构性失业问题。Frenken等（2007）认为，Jacobs外部性能够促进就业的增加，而专业化外部性能够提高生产效率。

城市产业多样化的发展需要较好的外部条件。Frenken等（2007）认为，只有足够大的需求和投入才能支撑多样化的产品和部门，因此产业多样化与区域的城市化水平正相关。宣烨等（2019）从专业化集聚和多样化集聚两个维度检验了高速铁路开通对于高端服务业空间集聚的影响。研究结果发现，高铁的开通显著地促进了高端服务业的多样化集聚，对专业化集聚的影响不显著，并且高铁开通的影响存在时滞。此外，企业区位选择对于产业专业化和多样化具有重要影响。李瑞琴和孙浦阳（2018）认为，企业的区位选址存在显著的自选择效应，生产率较高的工业制造业企业倾向于在集聚程度较高的中心地区选址，而生产率较低的工业制造业企业则会在集聚程度较低的外围地区选址。另外，与产业专业化集聚相比，多样化集聚企业的这种自选择效应相对较弱。

3）不同规模城市的产业专业化和多样化

某些产业在演化过程中持续出现异质性和两极分化现象。一些大企业发展得更加强大，此时同类产业中的一些小企业也并未消失，仍存在一定的竞争力。这不仅是因为其有较低的成本，更是因为地理和功能上的专业化（Aoyama and Ratick，2007）。Glaeser（1992）认为，多样化产业之间的知识溢出比产业内的知识溢出更能促进就业的增长。近年来，美国很多城市的专业化水平不断提高，城市之间的产业分工进一步深化，尤其是大城市的经营管理职能不断加强，中小城市的生产制造功能逐步强化（Duranton and Puga，2000）。

从城市规模对产业专业化和多样化的影响来看，中小城市更倾向于产业专业化发展，而大城市则更倾向于多样化发展。Duranton和Puga（2000）认为，城市将从部门专业化转化为功能专业化，即大城市集聚了总部与商务服务业，小城市主要承接制造业。Russu（2015）研究了欧盟成员国专业化和多样化发展趋势，发现随着国家发展水平的提升，产业专业化水平呈U形。另外，中小国家产业专业化程度较高，而规模较大的国家产业多样化程度较高。苏华（2012）研究了地区产业结构专业化的影响因素。他认为，城市规模和城市的人口密度越大，越不利于城市产业结构专业化；而城市专业人才密度对专业化有明显的促进作用。张雯熹等（2019）认为，产业专业化集聚一般发生在城市发展初期，源于相邻地区的劳动者彼此分享同样的技术或信息所形成的竞争优势，其本质是某一行业的生产成本随着行业总产量的增加而降低。刘汉初和卢明华（2014）认为，中国城市规模和城市的产业专业化水平整体上呈现负相关关系，城市规模越小，城市产业的专业化水平越高。另外，管理人员向规模较大的中心城市集中，而生产操作人员则向中小规模城市转移，说明规模较大的城市管理创新功能不断加强，而中小城市的生产制造功能不断强化。

2.2.3 文献评述

第一，目前关于高速铁路研究的相关文献较多，经济地理学研究大多集中于高速铁路建设对可达性的提高；经济学研究多采用实证研究方法检验高速铁路的经济效应，用虚拟变量来表示高铁的开通。二者各有利弊，采用经济地理学方法计算的高速铁路可达性更加细致准确，但忽视了高铁的经济效应；经济学的实证方法检验了高铁的各种经济效应，但对高铁开通这一变量的研究较为粗略。高速铁路作为交通基础设施，其最根本的影响就是提高了城市之间的可达性水平，这也是高速铁路发挥其经济效应的基础。此外，高铁主要是城际交通，同其他交通基础设施一样，具有溢出效应。即使没有开通高铁的城市，由于其离开通高铁的城市较近，也可能受到高铁的影响。有学者提出，高速铁路本身并不能增加经济效益，只是将经济要素从一个地方转移到另一个地方，因此也可能产生城市间的“虹吸效应”。城市产业的发展会同时受到多条高铁线路交织而成的高铁网络的影响，由此，需要将经济地理学中的高铁可达性计算和经济学中的实证分析相结合，更细致地检验高铁的影响，并且需要注意高速铁路的溢出效应。对以上问题的研究均需要进一步深化。

第二，在高速铁路对城市产业集聚的研究中，众多文献从不同的空间尺度证明了高速铁路作为快速交通基础设施的集聚效应。另外，我们将研究进一步细化至不同类型的产业和不同规模的城市，发现高铁对不同类型产业和不同规模城市的影响也是不同的。学者们普遍认为，高速铁路的开通对第三产业的发展具有更显著的影响，但是高铁的开通释放了普通铁路和公路的运输能力，在一定程度上影响第二产业的发展。从高铁对产业集聚的影响的研究文献来看，学者们已经注意到高速铁路的产业分布效应，认为高速铁路促进了不同类型产业的集聚。但是，在市场规模和需求量不变的情况下，同一产业在各个城市都呈现集聚状态是不现实也是不可能的，因此，高铁的作用更多的是在促进产业集聚的情况下实现了城市之间产业的分工，形成了城市产业专业化和多样化的分布格局。目前的研究并未系统、综合地探讨高铁对城市产业分工的影响。

第三，关于城市产业专业化和多样化的研究，从1920年专业化的马歇尔外部性到1969年多样化的Jacobs外部性，直至现在的实证研究，学者们尚未给出专业化和多样化的确切关系。有的学者认为，城市产业专业化和多样化并不是非此即彼的关系（Beaudry and Schiffauerova，2009；Melo et al.，2009）。无论在理论中还是在现实生活中，专业化与多样化并不是严格对立的，它们是一种相对程度上的差异（袁旭宏和汪晨晨，2019）。也就是说，一个城市可以同时存在专业化集聚和多样化集聚两种形式，多样化又可分为相关多样化和无关多样化。一个城市中产业专业化和多样化的关系以及多样化集聚的类型需要进行更加深入的研究，以便得出更有说服力的结论。另外，大多数学者仅关注了产业专业化和多样化对于城市经济发展、企业生产率和城市土地利用效率等方面的影响，并未深入探究城市产业专业化和多样化集聚的影响因素。产业专业化集聚和多样化集聚作为产业集聚的两种形式，相互独立而又紧密联系。由于细分行业数据缺失以及度量方法众多等问题，目前对于产业专业化集聚和多样化集聚影响因素的研究还比较少，而且没有形成系统的理论框架。因此，在一个相对规范的理论框架中，对产业专业化集聚和多样化集聚影响因素的研究是目前亟须解决的重要问题。

3

高速铁路开通对产业专业化和多样化影响的理论分析

本章主要从理论视角分析高速铁路开通对于产业专业化和多样化的影响，为第5章、第6章和第7章的实证研究提供理论支持。首先，高速铁路作为大运量客运交通基础设施，主要对人的流动起重要作用。其次，高速铁路的开通释放了大量普通铁路资源，减少了普通铁路的货物运输成本。因此，高速铁路的开通降低了工业部门和服务业部门的运输成本，影响了城市之间的产业分布格局。在克鲁格曼新经济地理学中心-外围模型的基础上，本章构建了高速铁路开通影响产业集聚的理论模型。产业专业化和多样化是产业集聚的两种表现形式，本章进一步解释了高速铁路开通对于产业专业化和多样化影响的传导机制。

3.1 高速铁路开通对产业集聚影响的理论模型

3.1.1 模型设定

在区域经济发展过程中，伴随着贸易成本的变化，企业的利润结构和消费者的福利结构都会发生改变。此时，企业根据利润最大化原则、消费者根据个人福利最大化原则进行区位选择。这一过程通常就是产业空间分布变化的过程，最终形成了新的产业分布格局。由于城市对产业的集聚和扩散作用，产业可能均衡分布，也可能非均衡分布。

克鲁格曼的中心-外围模型以迪克西特-斯蒂格里茨垄断竞争模型（Dixit-Stiglitz Model，D-S模型）为基础（Krugman，1991）。D-S模型在一定程度上考虑了不完全竞争基础与规模报酬递增的影响，在此基础上发展了包括产业组织理论、新贸易理论、新增长理论、空间经济理论、新经济地理学理论等在内的多个理论。中心-外围模型建立在数量巨大的生产厂商不完全竞争的假设基础上，综合考虑了规模报酬递增的影响，并加入了“冰山成本”的分析视角。该模型指出，在产品的运输过程中，运输成本即产品如“冰山”一样会融化掉一部分。本章对克鲁格曼的中心-外围模型进行修改，以便得出产业集聚与交通成本之间的关系。本章模型的基本假设如下：

第一，整个经济系统由两个区域（北部和南部）、两个部门（工业部门和服务业部门；农业部门看作各个地区自产自销，不在此模型中考虑）、两种生产要素（工业劳动力和服务业劳动力）共三部分组成。工业部门M和服务业部门S均以规模收益递增和垄断竞争为特征。两个部门分别使用一种生产要素，工业部门使用工业劳动力（工人）H，服务业部门使用服务业劳动力L。

第二，两个区域的消费者对于商品的偏好以及两个区域的技术和贸易开放度是对称的，要素禀赋在初始状态也是对称的。工业部门生产的是差异化的产品，每一种工业品需要F_M单位的工人作为固定投入，还需要a_M单位的工人作为可变投入，因此工业企业的成本函数为w_M（$F_M+a_M x_M$）。其中，x_M为工业企业的产出，w_M为工人的工资。同理，服务业需要F_s单位固定投入、a_s单位可变投入，服务业企业的成本函数为w_s（$F_s+a_s x_s$）。其中，x_s为服务业企业的产出，w_s为服务业工人的工资。

第三，工业部门和服务业部门的产品均可贸易。工业部门的产品贸易在区内和区际都可进行。工业品的贸易在区内无成本；在区际有“冰山成本”，就是工业品在运输的过程中可能会消耗掉一部分。当本区域生产的工业品在另一个区域出售1单位时，必须从本区域运出t个单位（$t\geq1$），也就是说，在运输的过程中，有（$t-1$）个单位的工业品“融化”掉了，融化的部分就是“冰山贸易成本”。p_M表示工业品在北部出售的价格，p^*_M表示工业品在南部出售的价格。企业为了补偿运输过程中的“冰山成本损失”，会在南部收取更高的价格，因此$p^*_M=tp_M$。

由于服务品的特殊性质，服务品仅在生产地区进行消费，也就是说，服务品具有消费和生产的不可分割性。因为各企业生产差异化的产品，因此南部区域的消费者若想消费北部区域的服务品，南部区域的消费者就要到北部区域进行消费。同样地，消费者需要花费t单位成本享受1单位跨区域的服务品。服务品的价格在两个区域均为p_s，但是跨区域消费时需要付出更多的成本，跨区域消费价格为$p^*_s=tp_s$。

第四，高速铁路作为客运交通基础设施，仅为乘客的流动服务，因此，高速铁路的开通直接减少了消费者对于跨区域服务品消费的运输成本。同时，高速铁路的开通释放了大量的普通铁路资源，使普通铁路用于货物运输，因此，高速铁路的开通间接地减少了货物运输成本。

3.1.2 基本模型

1）消费者行为

对于两个区域的消费者来说，他们对工业企业的产品和服务业企业的产品的偏好相同，效用函数用柯布-道格拉斯（Cobb-Douglas）函数形式表示：

$$U = C_M^{\mu} C_S^{1-\mu}$$

式中：C_M表示工业品消费量的综合指数，C_S表示服务品消费量的综合指数；μ是常数，表示工业品的支出份额，则$1-\mu$为服务品的支出份额。

C_M是定义在工业品种类的连续空间上的子效用函数，用公式表示为：

$$C_M=\left[\int_0^n c_M(i)^{\frac{\sigma_M-1}{\sigma_M}}di\right]^{\frac{\sigma_M}{\sigma_M-1}}\quad 0<\mu<1<\sigma_M$$

同理，C_S是定义在服务品种类的连续空间上的子效用函数，用公式表示为：

$$C_S=\left[\int_0^m c_S(j)^{\frac{\sigma_S-1}{\sigma_S}}dj\right]^{\frac{\sigma_S}{\sigma_S-1}}\quad 0<1-\mu<1<\sigma_S$$

式中：c_M（i）表示每种工业品的消费量，c_S（j）表示每种服务品的消费量，n和m代表北部区域生产的工业品和南部区域生产的服务品总数。C_M和C_S符合不变替代函数（CES），σ_M和σ_S表示两种商品之间的替代弹性。

北部区域工人的总收入为：

$$w_M H+w_s L=E$$

总支出等于总收入，即效用最大化的约束条件为：

$$P_M C_M+P_S C_S=E$$

$\int_0^n p_{iM}c_{iM}di$为工业品消费支出，也就是消费工业品组合C_M的支出。$\int_0^m p_{jS}c_{jS}dj$为服务品消费支出。求解效用最大化问题时，可以将其转化为C_M和C_S的支出最小化问题：

$$\min\int_0^n p_{iM}c_{iM}di+\int_0^m p_{jS}c_{jS}dj$$

$$\text{s.t.}\quad C_M=\left[\int_0^n c_M(i)^{\frac{\sigma_M-1}{\sigma_M}}di\right]^{\frac{\sigma_M}{\sigma_M-1}}\qquad C_S=\left[\int_0^m c_S(j)^{\frac{\sigma_S-1}{\sigma_S}}dj\right]^{\frac{\sigma_S}{\sigma_S-1}}$$

为了求支出最小化问题，我们构造拉格朗日函数，对c_{iM}求导并使结果等于0。求得工业品的价格指数P_{iM}为：

$$P_{iM}=\lambda C_M^{\frac{1}{\sigma_M}}c_i^{-\frac{1}{\sigma_M}}$$

最终得到：

$$c_i=c_j\left(\frac{P_{jM}}{P_{iM}}\right)^{\sigma_M}$$

将其带入成本最小化约束：

$$c_j = \frac{p_j^{-\sigma_M} C_M}{\left[\int_{i=0}^{n} p_i^{1-\sigma_M} di\right]^{\frac{\sigma_M}{\sigma_M - 1}}} \tag{3.1}$$

在式（3.1）中，C_M为常数，在工业品价格给定时，分母也为常数。因此，消费者对于第j种工业品的需求价格弹性为$-\sigma_M$。式（3.1）为消费者对于第j种工业品的需求函数，由此可以得出消费者对于工业品的总支出：

$$\int_{i=0}^{n} p_i c_i \, di = C_M \left(\int_{i=0}^{n} p_i^{1-\sigma_M} di\right)^{\frac{1}{1-\sigma_M}} \tag{3.2}$$

式中：C_M表示消费者购买的工业品的组合。

工业品的价格指数P_M可表示为：

$$P_M = \left(\int_{i=0}^{n} p_i^{1-\sigma_M} di\right)^{\frac{1}{1-\sigma_M}} \tag{3.3}$$

同理，可得出服务品的价格指数P_S：

$$P_S = \left(\int_{i=0}^{m} p_i^{1-\sigma_S} di\right)^{\frac{1}{1-\sigma_s}} \tag{3.4}$$

将P_M代入式（3.1）中，得到：

$$c_i = \left(\frac{p_i}{P_M}\right)^{-\sigma_M} C_M \tag{3.5}$$

式（3.5）就是工业品的需求函数。

同理，服务品的需求函数为：

$$c_{si} = (p_{si}/P_S)^{-\sigma_S} C_S$$

求解消费者的效用最大化：

$$\max U = C_M^{\mu} C_S^{1-\mu}$$

$$\text{s.t.} \quad P_M C_M + P_S C_S = E$$

根据拉格朗日定理求得：

$$C_M = \frac{\mu E}{P_M} \tag{3.6}$$

$$C_S = \frac{(1-\mu)E}{P_S} \tag{3.7}$$

式（3.6）和式（3.7）就是北部区域消费者对于工业品和服务品的需求函数，将其变形，得到：

$$C_M P_M = \mu E$$

$$C_S P_S = (1-\mu)E$$

上述公式说明，北部区域消费者对于工业品和服务品的支出份额分别是μ和$(1-\mu)$。将式（3.6）代入式（3.5）中得到：

$$c_i = \left(\frac{p_i}{P_M}\right)^{-\sigma_M} \cdot \mu E / P_M = \mu E \left(\frac{p_i^{-\sigma_M}}{P_M^{1-\sigma_M}}\right) \tag{3.8}$$

式（3.8）就是北部区域消费者对于第i种工业品的需求函数。同理，北部区域的消费者对于第j种服务品的需求函数为：

$$c_{Sj} = (1-\mu)E\left(\frac{p_{Sj}^{-\sigma_S}}{P_S^{1-\sigma_S}}\right) \tag{3.9}$$

最终得到北部区域消费者的效用最大化水平：

$$U_{\max} = C_M^{\mu} C_S^{1-\mu} = \frac{\mu^{\mu}(1-\mu)^{1-\mu}E}{P_M^{\mu} P_S^{1-\mu}}$$

2）生产者行为

假设工业存在规模经济，且仅需要劳动力一种生产要素。工业生产的固定投入为$\boldsymbol{F_M}$，边际投入为$\boldsymbol{a_M}$，则总的劳动力投入为：

$$\boldsymbol{L_M = F_M + a_M x_M}$$

式中：$\boldsymbol{x_M}$表示给定地区（北部）产品的生产数量。

由于工业存在规模经济、消费者对差异产品的偏好以及市场上存在无限种潜在差异产品，没有厂商愿意生产与其他厂商相同的产品，因此，每种产品仅由一个专业化厂商生产。厂商的目标是利润最大化。假设北部区域N厂商生产一种特定的产品，给工人的工资是$\boldsymbol{w_{NM}}$，产品的出厂价是$\boldsymbol{P_{NM}}$，则利润$\boldsymbol{\pi_N}$为：

$$\boldsymbol{\pi_N = P_{NM}x_{NM} - w_{NM}(F_M + a_M x_{NM})} \tag{3.10}$$

需求函数是由消费者决定的，由上文可得$c_i = \mu E\left(\frac{p_i^{-\sigma_M}}{P_M^{1-\sigma_M}}\right)$，需求弹性为$\sigma_M$。根据边际收益等于边际成本的利润最大化条件，将式（3.8）代入式（3.10）并对P_{NM}求导等于0，得到：

$$P_{NM} = \frac{\sigma_M}{\sigma_M - 1} w_{NM} a_M \tag{3.11}$$

式（3.11）即N厂商利润最大化时的均衡价格。根据N厂商的零利润条件，将式（3.11）代入式（3.10）并使利润等于0，可得：

$$x_{NM} = \frac{(\sigma_M - 1)F_M}{a_M} \tag{3.12}$$

式（3.12）中的x_{NM}为各种交易品的均衡输出量，也就是厂商的均衡产出，则劳动力的均衡投入L_M为：

$$L_M = F_M + a_M x_M = F_M + a_M \frac{(\sigma_M - 1)F_M}{a_M} = \sigma_M F_M \tag{3.13}$$

在给定地区（北部）劳动力数量一定的情况下，厂商的数量为：

$$n_N = \frac{L_N^M}{\sigma_M F_M} \tag{3.14}$$

式中：L_N^M表示给定地区（北部）工业部门M总的劳动力数量。

同理，由于服务业的设定与工业相同，因此服务业的厂商数量为：$n_{NS} = \frac{L_N^S}{\sigma_S F_S}$。假设北部区域总的劳动力数量为$L_N$，北部区域工业劳动力份额为$r$，则服务业劳动力份额为$(1 - r)$，此时北部区域总体的厂商数量为：

$$n = \frac{rL_N}{\sigma_M F_M} + \frac{(1 - r)L_N}{\sigma_S F_S} = \frac{r\sigma_S F_S + (1 - r)\sigma_M F_M}{\sigma_M F_M \sigma_S F_S} L_N \tag{3.15}$$

由式（3.12）和式（3.14）可得，区域厂商数量不会影响产品边际成本的加成定价，也不会影响单一产品的生产规模，区域集聚效应通过区域产品种类的变化发生作用。由式（3.15）可知，北部区域的厂商数量可看作其工业劳动力份额与服务业劳动力份额的加权平均，因此，劳动力的转移就等于企业的转移，影响市场规模的变化。由此，得到假说1：规模效应与劳动力的投入有关。劳动力投入越多，厂商数量越多，则产业的集聚水平越高。

3.1.3 一般均衡分析

1）市场规模

根据式（3.8），本地对于i产品的需求量为$\mu E\left(\frac{p_i^{-\sigma_M}}{P_M^{1-\sigma_M}}\right)$。由于本地产品运到其他地区有“冰山成本”$t$，运送到其他地区的价格为$tp_i$，因此，其他地区对于$i$产品的需求量为$\mu E\left(\frac{(tp_i)^{-\sigma_M}}{P_M^{1-\sigma_M}}\right)$。将本地和其他地区对于$i$产品的需求量加总，得到：

$$y_i = \mu E\left(\frac{p_i^{-\sigma_M}}{P_M^{1-\sigma_M}}\right) + \mu E\left(\frac{(tp_i)^{-\sigma_M}}{P_M^{1-\sigma_M}}\right)$$

上式说明，当i产品的价格不变时，本地需求量不变。若运输成本t降低，则其他地区对于i产品的需求量增加。进一步地，将对于i产品的需求量扩展到更多地区，得到：

$$y_i = \sum_{r=1}^{n} \mu E(t_r p_i)^{-\sigma_M} P_M^{\sigma_M - 1} = \mu p_i^{-\sigma_M} \sum_{r=1}^{n} E t_r^{-\sigma_M} P_M^{\sigma_M - 1} \tag{3.16}$$

式中：$\sum_{r=1}^{n} E t_r^{-\sigma_M} P_M^{\sigma_M - 1}$可看作更多地区对于$i$产品的消费潜力，也就是$i$产品的市场规模。市场规模越大，则$y_i$越大。另外，市场规模与运输成本$t$有关，$t$越小，市场规模越大。由于服务品生产地与消费地的不可分割性质，其他地区的人必须到本地来进行本地服务品的消费，其花费的成本亦可看作tP。因此，工业品和服务品的分析是相同的。由此得到假说2：市场规模与运输成本有关，运输成本越低，则商品的市场规模越大。高速铁路的开通降低了产品的运输成本和消费者的流动成本，因而扩大了市场规模。市场规模的扩大增加了对产品的需求，需求增加则促进了产业的集聚。

2）劳动力

假设劳动力可以自由流动，因此工人倾向于去实际工资水平高的地区，以获得更高的收入，这与地区的人均收入水平、贸易品的价格指数（工业品与服务品的价格指数）有关。当劳动力达到均衡时，各地区的实际收入应相等，均等于平均收入。我们用 V_N 表示 N 地区的实际收入，用 $\overline{V}$ 表示各地区的平均收入，用 v_N 表示 N 地区的名义收入，则：

$$V_N = \frac{v_N}{P_M^{\mu} P_S^{1-\mu}} = \overline{V} \qquad v_N = \frac{E_N}{L_N}$$

$$L_N = \frac{E_N}{\overline{V} P_M^{\mu} P_S^{1-\mu}} = \frac{E_N}{\overline{V}\left[\int_{i=0}^{n} (tp_i)^{1-\sigma_M} di\right]^{\frac{\mu}{1-\sigma_M}} \cdot \left(\int_{j=0}^{m} (tp_i)^{1-\sigma_S} dj\right)^{\frac{1-\mu}{1-\sigma_S}}} \tag{3.17}$$

根据式（3.17），L_N 是运输成本 t 的减函数。高铁开通后，通过降低劳动力的流动成本，扩大了城市的劳动力规模。根据上文的分析，劳动力总量越大，则厂商数量越多，产业集聚现象越明显。由此得出假说3：高铁开通降低了劳动力的流动成本，促进了劳动力的集聚，从而促进了产业的集聚。

3）知识溢出

大量文献证明，企业的集聚不仅对相似产业具有知识溢出效应，对整个经济部门同样具有明显的知识溢出效应。克鲁格曼的新经济地理学模型中并未考虑知识溢出因素。产业集聚是厂商之间通过技术扩散和知识学习实现集聚优势和获得竞争力的重要因素。根据韩峰等（2014）的研究，我们将最终部门的边际成本设定为产业专业化集聚和多样化集聚的减函数：

$$mc = k_0[(SI_i)^{\alpha}(DI_i)^{\beta}]^{-\theta} \theta > 0$$

式中：k_0 为常数，表示其他因素对边际成本的影响；SI 和 DI 分别表示产业的专业化集聚和多样化集聚；θ表示产业集聚引起的总体空间技术溢出效应对最终部门边际成本的影响弹性；α和β分别表示产业专业化集聚和多样化集聚引起的溢出效应在总体空间溢出效应中的份额。

根据式（3.12）和式（3.17），用边际成本替代式（3.12）中的a，得到：

$$y_i = \mu nM\left(\frac{\sigma}{\sigma - 1}w\right)^{-\sigma} \cdot k_0^{-\sigma}[(SI_i)^{\alpha}(DI_i)^{\beta}]^{\theta\sigma} \tag{3.18}$$

式中：M表示市场规模，n表示所有地区的个数，w表示工资水平。其他变量含义同上文。

由式（3.18）可知，产业专业化水平和多样化水平提高，会降低产品的边际成本，从而降低产品的价格，扩大最终产品的需求，从而促进企业的集聚。因此，产业内的知识溢出和产业间的知识溢出均能促进产业集聚。

本节通过理论推导得出高速铁路开通后，通过增加人力资本、扩大市场规模和形成知识溢出效应促进了产业的集聚。由于产业专业化和多样化是产业集聚的两种表现形式，无法在上文的模型中进行细分，因此，本章第2节将用文字详细介绍高速铁路开通对于产业专业化和多样化影响的传导机制。

3.2 高速铁路开通对产业专业化与多样化影响的传导机制

3.2.1 集聚效应

根据上文理论推导得出的结论，高速铁路的开通能够提高城市人力资本水平，扩大城市市场规模以及加速产业间的知识溢出，从而影响城市产业的集聚。

第一，高速铁路开通改善了区域要素的丰裕程度，提高了城市的人力资本水平。高铁开通能够提高城市劳动力资源的丰富程度，加快区际要素的流通速度，对一个城市的要素丰裕程度产生重要影响。高速铁路的主要功能是人员的运输，能够对劳动力要素的空间分布产生重要影响。一般而言，发展潜力越大、工资水平越高的城市对于劳动力的吸引力越大。由于生活成本等原因，高素质劳动力倾向于集聚在大城市，普通劳动力倾向于在小城市集聚。劳动力的集聚强化了城市产业的集聚。

第二，高铁的开通缩短了城市之间的通勤时间，降低了交易成本，扩大了企业的市场规模。高速铁路开通产生的“时空收敛”效应有效地降低了企业之间的交易成本和沟通成本（邓涛涛等，2017）。首先，对于制造业来说，高铁的开通降低了产品的运输成本。高速铁路开通后，城市的运输能力得到优化，产生了大量的客货流量（彭其渊等，2016）。虽然高铁表面上只与旅客运输有关，仅为旅客通行服务，与货物运输没有直接的关系，但是，高铁的开通同样能够对货运铁路产生外部性，提高整个铁路运输系统的效率（孙浦阳等，2019）。这具体表现为高铁列车吸引了许多原来乘坐普速列车的乘客，减少了大量普通铁路的客运班次，释放出交通资源用于货物运输，从而大大降低了普通铁路的货运压力，提高了普通铁路的时效性（Cheng et al.，2015）。因此，通过高速铁路建设，在既有铁路网中形成了大能力的货物运输通道，大大缓解了我国铁路运输长期以来对国民经济发展的制约，原先运能不足导致的货运产品设计单一、运输时间难以保障等问题在一定程度上得到了解决（彭其渊等，2016）。另外，高铁开通释放了普通铁路资源，降低了制造业原材料、中间产品以及最终产品的交易成本和流通成本，从而扩大了原材料、中间产品和最终产品的市场规模。其次，对于服务业来说，由于服务业生产和消费的不可分割性，高铁的开通能够扩大服务业企业的辐射半径，因此，高铁的开通提高了制造业和服务业的市场潜力，进一步提升了城市产业的竞争力，也吸引了更多的企业形成产业集聚。同时，高铁的开通加强了高铁站与周边地区的经济联系，因此，高铁站附近区域能够直接受益于其他经济发达城市所产生的经济集聚效应（Ahlfeldt and Feddersen，2017），这成为新城经济发展的初始集聚动力。

第三，高速铁路的开通加强了产业之间的合作，增加了产业之间发生知识溢出的可能。高速铁路的大规模建设提升了高铁沿线城市的区位优势，缩短了城市之间的时间距离，从而强化了城市之间的经济联系。因此，高速铁路的开通能够使城市之间的经济往来更加频繁，进而促进产业链上的企业以及前后相关联的企业之间的交流与合作。产业之间的知识溢出效应和技术溢出效应降低了企业生产的边际成本，从而降低了产品的价格，增加了最终产品的需求，促进了企业的集聚。此外，生产成本的降低使企业有了更多的选择，使企业在市场规模更大的城市里集聚。

3.2.2 拥挤效应

交通条件的改善一方面能够提升地区的市场潜能，促进企业集聚；另一方面使得集聚程度高的地区市场竞争更加激烈，要素成本提高（林善浪等，2017），并且出现交通拥挤、生活成本上升、土地租金和劳动力要素价格上涨、环境恶化等问题，即发生产业集聚的拥挤效应（Henderson，2003）。拥挤效应主要有三个特征：一是具有空间性，拥挤效应限定在一定区域内；二是拥挤效应伴随着集聚而产生；三是拥挤效应由某类要素过多引起，进而使其他要素具有相对稀缺性。在现实经济中，拥挤效应主要体现在两个方面：第一是要素密度过于集中，使得生产率下降；第二是要素具有相对稀缺性。拥挤效应可能导致要素价格上升，如土地、劳动力资源的缺乏导致土地租金和工资上升，也就是说，拥挤效应导致企业成本增加。

一方面，在产业集聚程度高的中心城市，市场需求更大，受需求的影响，企业一般倾向于在中心城市选址。但是，在中心城市，企业之间往往也存在更激烈的竞争和更强的拥挤效应。面对严格的准入门槛，只有具有较强竞争力的企业才能应对中心城市的高成本，获得产业集聚带来的正外部性。另一些企业面对竞争压力和成本提升，产业集聚的外部性小于“拥挤成本”，因此就会发生产业转移现象。产业集聚的拥挤效应很可能大于溢出效应。若城市产业的拥挤效应大于产业集聚的溢出效应，就可能出现产业分散现象。

另一方面，产业集聚所形成的向心力会吸引生产要素在空间上发挥循环累积作用，从而推动城市经济的持续增长。伴随着城市经济规模的持续扩大，土地、水、电等资源要素的相对稀缺和资本要素过度密集的问题日益凸显。拥挤效应引起的非经济性使得生产要素在空间上产生分散趋势，此时，企业为了自身的经济利益，就会进行产业转移（周圣强和朱卫平，2013）。

3.2.3 溢出效应

产业的集聚促进了知识和技术的传播。根据 Duranton 和 Puga（2004）提出的集聚外部性的三个作用机制，城市产业专业化集聚可以实现行业内企业对生产性基础设施、共同的中间品供应商的共享，又能获得与上下游产业链更为高效的供求匹配，还可以促进企业在互相学习中获得更为丰富的市场信息和技术知识。同样，产业多样化集聚也能产生产业之间的知识溢出，而产业之间的知识溢出与互相学习提高了企业的生产技术水平，降低了生产成本，因此，企业更倾向于在产业集聚程度高的地区集聚。

但是，高铁的开通促进了信息和技术的流动，形成知识外溢效应和创新溢出效应，中小城市可以花费更低的成本获得大城市的先进技术，因此，不必发生产业的转移即可增加产能。这有助于中小城市产业专业化发展。此外，高铁开通为企业之间的远程合作提供了可能，企业之间的合作受制于交通区位的可能性变小，因此，企业也倾向于在成本最低和利润最多的城市选择。

3.2.4 作用力分析

由于拥挤效应和溢出效应的存在，劳动力、土地及不可流动要素在中心城市的集聚强化过程中发挥离心力的作用（杨亚平和周泳宏，2013），产业之间的知识溢出则发挥向心力的作用。当拥挤效应产生的离心力大于知识溢出产生的向心力时，城市之间就会发生产业转移。当知识溢出产生的向心力大于拥挤效应产生的离心力时，城市之间就会出现产业的进一步集聚。

拥挤效应导致土地资源紧缺和地价快速上涨，面对土地资源约束，大城市变得不再适合作为标准化制造的生产基地，企业开始向地租较低和土地增量相对宽裕的外围中小城市转移。当较多的企业感受到这种巨大的成本压力时，就会引发城市资本大量外流和产业转移。中国城市经济的发展具有层级性，这为大城市的产业扩散提供了承接保障。交通成本的降低使中小城市和我国中西部城市逐渐具备了承接产业转移的条件。对于大城市来说，它们保留了附加值高的产业，发展了产业链高端环节，转移出成熟落后的产业。对于中小城市来说，它们的资源与生产要素条件有限，只能承接大城市转移过来的生产部门。这样就实现了产业空间的合理分布和城市之间的产业分工协作，实现了城市产业专业化发展。同时，高铁的开通强化了城市之间的经济联系，加速了区域经济一体化进程。区域经济一体化促进了市场的一体化，强化了城市之间的交流与合作。因此，高端产业更容易在中心城市集聚，制造业更容易在中小城市集聚，这就促进了产业专业化发展。可见，高铁的开通有利于形成城市之间的产业分工，促进了中小城市产业专业化发展。

产业集聚可以分为相同或性质相近产业的专业化集聚和基于产业上下游关联或无行业联系的多样化集聚。与产业专业化相比，产业多样化是多个没有明显技术联系的产业集合分布在特定区域的产业格局。上游企业的集聚能够为下游企业提供更多优质廉价以及差异化的中间产品，下游产业的集聚能够为上游企业带来更便捷的销售渠道。因此，一个城市的上下游产业的集聚程度也是吸引企业区位选择的重要因素。从投资组合来讲，城市拥有多样化的产业发展格局，也就意味着城市能提供更多的就业机会，降低了劳动力在该城市就业的搜寻成本，而且能够使区域内的劳动力得到有效的分配。此时，城市留住了在专业化分工条件下需要到外地打工的劳动力，节约了工人的流动成本，进而大大降低了就业波动。因此，城市产业的多样化发展有利于劳动力的就业和集聚。同时，劳动力的多样化为城市产业多样化发展提供了条件，各类企业均能够比较容易地找到适合本企业工作的员工，使企业减少了员工的搜寻与培训成本。二者相互促进，形成了循环累积效应。大城市上下游产业高度集聚，生产要素资源比较丰裕，对于企业的承载能力较强，知识溢出的向心力也较强。企业要权衡拥挤成本、知识溢出及运输成本，当知识溢出的向心力大于拥挤成本的离心力时，企业会在大城市集聚，形成大城市的多样化发展。因此，大城市人力资本水平比中小城市更高，市场规模比中小城市更大，产业之间的溢出效应比中小城市更强，更能满足产业多样化发展的条件，因此，高速铁路的开通促进了大城市产业多样化的发展。

高速铁路开通对产业专业化和多样化的影响路径如图 3-1 所示。

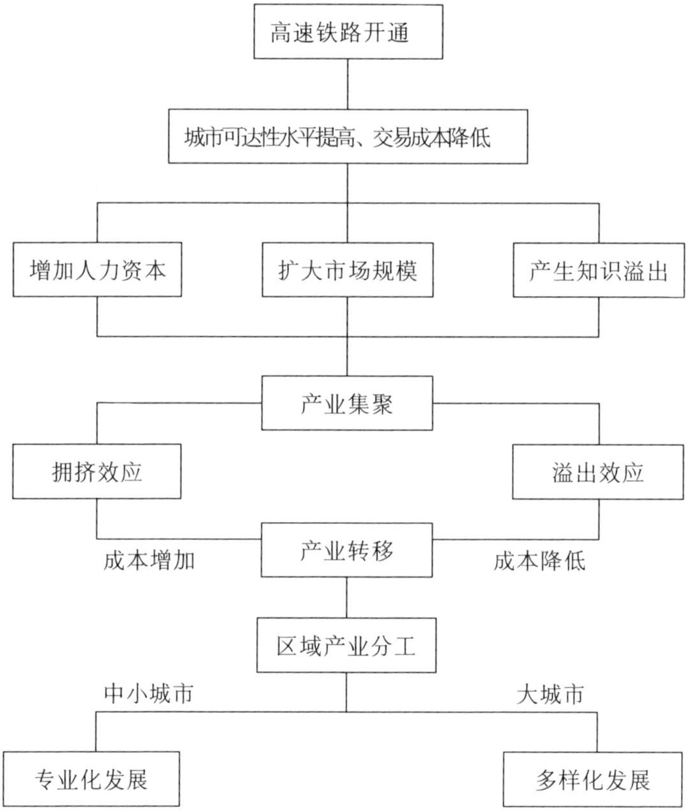

图 3-1 高速铁路开通对产业专业化和多样化的影响路径

3.3 本章小结

在克鲁格曼新经济地理学的理论框架下，根据本书的研究内容，本章将克鲁格曼中心-外围模型的假设前提进行了修改和简化，提出了制造业和服务业两部门理论模型。根据本章理论推导得出的结论，高速铁路开通后，通过促进劳动力集聚、扩大市场规模和产生知识溢出，促进了产业的集聚。

在理论推导的基础上，本章进一步分析了高速铁路开通对于产业专业化和多样化的影响机制。高速铁路的开通降低了人们出行的时间成本，加快了经济要素的流动速度，从而使劳动力和经济要素在更广阔的范围内进行优化配置。高速铁路的开通通过提高人力资本水平、扩大市场规模以及产生知识溢出促进了产业的集聚。产业的集聚会导致拥挤效应与知识溢出效应的发生。城市内部的拥挤效应发挥离心力的作用，而产业之间的知识溢出效应则发挥向心力的作用。离心力导致产业的分散，向心力则促进产业的进一步集聚。两种力量综合作用，加之高铁开通降低了城市之间的交易成本，为中小城市承接被转移的产业提供了可能，实现了区域之间的产业分工。大城市人力资本水平更高，市场规模更大，产业之间的知识溢出效应也更强，因此，对于产业的承载能力更强，有利于实现产业的多样化发展。中小城市资源条件有限，更适合产业的专业化发展。

4

中国高速铁路发展与产业集聚特征事实

第3章从理论层面推导了高速铁路开通与城市产业集聚之间的关系，并详细论述了高速铁路开通对于产业专业化与多样化的影响机理，为下文高速铁路开通与产业专业化和多样化因果关系的实证检验提供了理论支撑。本章将对中国高速铁路的发展历程，高速铁路开通所引起的城市之间的“时空收敛”效应、城市产业专业化与多样化分布特征进行介绍，为下文实证检验提供更为直观的事实证据。本章主要包括以下内容：首先，介绍中国高速铁路的发展历程以及时空分布。其次，高速铁路开通最直接的影响是缩短了城市之间的通勤时间，提高了城市的可达性水平。本章量化高速铁路开通后所产生的“时空收敛”效应并分析其演化特征，呼应了前一章理论模型中高速铁路开通降低运输的“冰山成本”这一假说。再次，本章分别计算了城市产业专业化和职能专业化指数，探讨了城市产业专业化与职能专业化的时间趋势及空间演化特征。最后，介绍城市产业多样化的发展现状，从时间和空间两个维度分析产业多样化的分布特征。另外，我们进一步将产业多样化分解为相关多样化与无关多样化，总结产业分布的主要规律。

4.1 指标选取与计算方法

4.1.1 可达性计算方法

1）可达性计算方法与空间权重矩阵设置

我们计算了两两城市之间最短通勤时间矩阵。第一，使用ArcGIS将中国交通图根据谷歌地球中的实际经纬度信息进行配准。第二，对配准后的中国交通图进行矢量化，并对不同的交通运输线路赋予不同的时速。第三，在ArcCatalog中建立数据库和网络数据集，进行最短时间和最短路程求解设置。第四，采用ArcMap网络分析模块中的O-D矩阵方法，查找两两城市之间的最优路径，自动计算出两两城市之间的最短通勤时间（郭建科等，2015)。城市之间的最短通勤时间矩阵如下：

$$L = [l_{ij}]_{n*n} \tag{4.1}$$

式中：L表示最短通勤时间矩阵；l_{ij}表示城市i到城市j的最短通勤时间；n表示城市总个数。

这里的最短通勤时间矩阵有两个作用：第一，计算中国城市的可达性及可达性改善。第二，为下文进行空间计量分析构建权重矩阵。其中，时间距离矩阵直接获得；经济距离矩阵为城市经济联系强度，由引力模型求得。

2）各城市可达性计算

高速铁路的开通提高了城市可达性水平，城市可达性一般采用加权平均旅行时间来衡量。一般认为，城市可达性水平不仅与交通基础设施有关，也与城市规模有关。加权平均旅行时间是评价单个城市到其他所有城市的时间测度，融合了城市规模和便捷性对可达性的影响(张莉和陆玉麒，2013)。具体的计算公式为：

$$A_i = \sum_{j=1}^{n}(T_{ij} \times M_j) / \sum_{j=1}^{n} M_j \tag{4.2}$$

式中：A_i表示城市i的加权平均旅行时间，即城市i的可达性。A_i值越小，城市i的可达性越好。T_{ij}表示城市i到城市j的最短旅行时间。M_j表示城市j的规模，一般用城市人口或城市地区生产总值来衡量（姜博等，2016；蒋海兵等，2010)。一般认为，人口较多、经济较发达的城市，人口流动数量较多，与外界的联系较强。本书采用城市人口和GDP乘积的算数平方根表示城市规模。

3）城市之间经济联系强度计算

本书采用引力模型计算两两城市之间的经济联系强度，作为空间计量分析中的经济距离矩阵。引力模型通常用来衡量两两城市之间经济联系强度的大小，既能反映经济中心对周围地区的辐射能力，也能反映周围地区对经济中心辐射能力的接收程度（赵东霞等，2016；魏丽华，2018；于谨凯和马健秋，2018），综合考虑了距离衰减规律和牛顿的万有引力定律，用以计算两个城市空间相互作用的大小（焦利民等，2016；曹小曙等，2015；郭建科等，2016；钱春蕾等，2015）。其表达式为：

$$F_{ij} = \sqrt{G_i \times G_j} / L_{ij}^2 \tag{4.3}$$

式中：F_{ij}表示城市i和城市j之间的经济联系强度，即本书的经济距离矩阵；G_i和G_j分别表示i城市和j城市的GDP；L_{ij}表示城市i和城市j之间的时间距离。

4.1.2 产业专业化测度方法

衡量地区专业化的传统指标可分为贸易指标和生产指标两类。国家和地区的专业化最终是通过贸易来表达的，所以贸易指标是研究专业化的最理想指标（胡兆量等，1987）。但是，由于统计资料的限制，国内城市之间的贸易数据缺乏相应的统计，因此，对于国家内部专业化指标的度量通常采用生产指标（魏后凯，2006）。从生产指标来看，主要有总值比重、人均产出等；从贸易指标来看，通常采用区域商品率和市场占有率等。由于统计数据的原因，本书主要采用生产指标进行度量。

从专业化的度量来看，目前关于地区专业化的测度方法很多，比较有代表性的方法主要包括地区专业化指数、区位熵（Reades and

Smith，2014；Glaeser et al.，1992）、基尼专业化系数（Gini Specilization Index）（Wu and Zhu，2017）、Krugman专业化指数（Petersson，2002）等。这些测算方法各具特色，分别从不同角度对地区专业化水平进行了衡量。地区专业化指数是指某地区就业人数最多行业的就业人数占地区总就业人数的份额。区位熵可用来判断一个产业是否构成地区专业化部门，一般用来表示某一行业相比全国水平来说的相对专业化指数（陈曦，2017）。基尼专业化系数是以全国所有城市的产业结构为参照标准的加权平均值（樊福卓，2007）。Krugman专业化指数适用于分析区域内各行业的分工程度。本书参考Kalemli-Ozcan等（2001，2003）、Wang等（2014）、苏红键和赵坚（2011）、王正文等（2013）的研究方法，采用Krugman专业化指数表示城市的产业专业化水平。

首先，计算产业j在城市i中所占的就业比重S_{ij}：

$$S_{ij} = L_{ij}/L_i \tag{4.4}$$

式中：L_{ij}表示城市i产业j的就业人数，L_i表示城市i的就业总人数。

其次，计算与全国水平相比，城市i的产业专业化指数：

$$Spe_i = \frac{1}{2}\sum_j \left| S_{ij} - S_j \right| \tag{4.5}$$

产业专业化指数越大，说明城市的产业专业化水平越高；产业专业化指数越小，说明城市的产业专业化水平越低。

此外，本书对城市的职能专业化进行了度量。本书参考苏红键和赵坚（2011）的研究方法，以城市中“企业管理人员/生产人员”与全国“企业管理人员/生产人员”之比度量职能专业化指数：

$$Fun_i = (L_{im}/L_{ip})/(L_{NM}/L_{NP}) \tag{4.6}$$

式中：L_{im}表示城市i企业管理人员的就业，L_{ip}表示城市i生产部门的就业；L_{NM}表示全国企业管理人员的就业，L_{NP}表示全国生产部门的就业。若职能专业化指数大于1，其越大，表示城市越倾向于管理部门。若职能专业化指数趋向于0，表示城市的生产部门相对集中。当职能专业化指数趋向于1时，表示城市职能专业化水平不明显。考虑到数据的可获得性，我们参考苏红键和赵坚（2011）的研究方法，以“租赁与商务服务业”的就业人数表示管理部门人员，以“制造业”“采矿业”“电力、燃气及水的生产和供应业”的就业人员数表示生产部门人员。

4.1.3 产业多样化测度方法

产业多样化的测度主要有香农指数（Shannon Index，SI）（Simonen et al.，2015）、KL散度（Kullback-Leibler Divergence，KLD）（Simonen et al.，2015）、赫芬达尔指数（Herfindahl-Hirschman Index，HHI）（Simonen et al.，2015；Wang et al.，2014；孙祥栋等，2016）和泰尔指数（梁兴辉等，2018）等。KL散度又称为相对熵，是描述两个概率分布差异的一种方法。泰尔指数主要用来衡量区域的差距，在一些文献中也用来衡量产业多样化水平。这些文献指出，当区域内部产业差距较小时，各行业的分布就比较均匀，则区域产业多样化程度就高。

本书借鉴Simonen等（2015）以及Nissan和Carter（2011）的研究方法，采用香农指数度量城市产业多样化水平，该方法最早是在信息科学中发展起来的。香农指数包含多样化的两个特征：丰富度和离散性。行业数越多，且行业的分布越均匀，该指标值就越大。SI的计算公式如下：

$$Div_i = -\sum_{j=1}^{N} s_{ij} \ln s_{ij} \tag{4.7}$$

式中：Div_i表示i城市的产业多样化指数，s_{ij}表示j产业在城市i所有行业中所占的比重。

根据Frenken等（2007）的做法，本书将多样化指数分解为相关多样化指数和无关多样化指数。我们将所有行业根据相关程度进行分类，将关系较为密切的行业归为一类。

$$
\begin{aligned}
Div &= -\sum_{j=1}^{\Sigma_i} P_j ln \\
&= \sum_{s=1}^{S} \sum_{j\in s} p_j \ln\left(\frac{1}{p_j}\right) \\
&= \sum_{s=1}^{S} \left[P_s \ln\left(\frac{1}{P_s}\right) + \sum_{j\in s} p_j \ln\left(\frac{P_s}{p_j}\right) \right] \\
&= \sum_{s=1}^{S} P_s \ln\left(\frac{1}{P_s}\right) + \sum_{s=1}^{S} \sum_{j\in s} P_s \frac{p_j}{P_s} \ln\left(\frac{P_s}{p_j}\right) \\
&= \sum_{s=1}^{S} P_s \ln\left(\frac{1}{P_s}\right) + \sum_{s=1}^{S} P_s H_S \\
&= Rdiv + Udiv
\end{aligned}
\tag{4.8}
$$

$$
H_s = \sum_{j\in s} \frac{p_j}{P_s} \ln\left(\frac{P_s}{p_j}\right) \tag{4.9}
$$

式中：j表示细分行业的数量，主要分为S大类；P_s表示每一大类占总行业的比重，其值等于各细分行业占总行业比重p_j的和，即$P_s = \sum_{j\in S_j} p_j$；$Rdiv$表示相关多样化指数，度量相关产业的大类内部的多样化水平；$Udiv$表示无关多样化指数，度量关联度较小的各大类之间的多样化水平。

根据上述计算方法，我们将产业多样化分解为相关多样化和无关多样化。《中国城市统计年鉴》包含了三次产业大类部门及19个细分行业，在计算相关多样化与无关多样化时，需要根据行业之间的相关性对19个细分行业进一步分类。根据孙晓华和柴玲玲（2012）的划分方法，19个部门共分为6类。其中，第一产业主要包含农林牧渔业，划分为一类；第二产业主要为工业制造业，划分为一类；第三产业又分为生产性服务业、消费性服务业、流通性服务业和社会性服务业。具体分类见表4-1。

表4-1 **产业分类**

类别名称	细分产业
农林牧渔业	农林牧渔业
工业制造业	采矿业、制造业、电力燃气及水的生产和供应业、建筑业
生产性服务业	金融业、房地产业、租赁和商务服务业
消费性服务业	住宿餐饮业、居民和其他服务业、文化体育和娱乐业
流通性服务业	交通运输仓储及邮政业、信息传输计算机服务和软件业、批发和零售业
社会性服务业	科学研究技术服务和资质勘探业、水利环境和公共设施管理业、教育卫生社会保障和社会福利业、公共管理和社会组织

资料来源：由作者整理而成。

4.1.4 数据来源与说明

首先，矢量化地图为2013年版《中国交通图》，使用ArcGIS进行配准、矢量化。该地图中未添加高速铁路网络，高速铁路网络根据国家铁路局网站（http：//www.nra.gov.cn）高铁线路运行时间和车站依次添加，并赋予相应的时速。公路时速参考其他文献并结合实际情况进行设置，高速铁路时速参考国家铁路局网站初期运营速度整理，普通铁路时速根据《铁路设计规范》和《列车时刻表》确定。本书的陆路交通网络主要分为高速铁路、普通铁路、高速公路、国道及一般公路。高速铁路时速之所以使用国家铁路局网站公布的初期运营速度，是因为我国的高速铁路分为从原有铁路升级而来的既有铁路和新修建的新建线路。每条高速铁路的运营时速不同，因此我们逐条设置。普通铁路时速设置为100千米，高速公路时速设置为100千米，国道时速设置为60千米，一般公路时速设置为40千米。

其次，可达性、城市经济联系计算所需要的人口和经济数据来源于各年份《中国城市统计年鉴》，产业专业化和多样化指标计算需要的各行业就业人数同样来源于各年份《中国城市统计年鉴》。

4.2 中国高速铁路发展现状及“时空收敛”效应

4.2.1 中国高速铁路发展历程

我们统计了中国城市2003—2017年高铁设站情况，以便分析中国高速铁路的发展历程。2003—2017年的15年间，中国高速铁路迅猛发展。20世纪90年代以来，中国对高速铁路的设计建造技术、高速列车运营管理的基础理论和关键技术开展了大量的科学研究和技术攻关，并进行了广深铁路提速改造，修建了秦沈客运专线，实施了既有线路六次大提速等。

2008年8月1日，中国第一条350千米/小时的高速铁路——京津城际铁路开通运营，北京、天津之间的通勤时间由原来的2小时缩短至30分钟左右。自此，高速铁路在我国迅猛发展。京津城际铁路的开通标志着中国进入了高铁时代。2011年，中国第一条自主创新、具有世界先进水平的铁路——京沪高速铁路建成通车。该线路连接了我国人口最为稠密的地区，极大地释放了铁路客运能力。开通第一年，既有线合计发送旅客21.4万人次，比开通前增加了7.6万人次，增幅达55%，有效推动了客流的增长。2012年年底，世界上运营里程最长的高速铁路——京广高铁建成通车。该线路全长2 298千米，由北至南连接北京和广东两座特大城市，途经河北、河南、湖北和湖南等多个省份，大大加强了沿途城市之间的经济联系。

随着京津高铁、京沪高铁、京广高铁建成通车，一大批高速铁路相继投入运营。在建成“四纵四横”主骨架的基础上，我国高速铁路建设有序推进，服务范围进一步扩大，基本形成了高速铁路网络。根据2017年年底发布的《铁路“十三五”发展规划》，中国铁路营运里程达到15万千米，其中高速铁路达到3万千米。2008—2017年，全国有178个地级市开通了高速铁路。其中，东部地区有71个，占全国开通城市的39.89%，形成了全国最为密集的高速铁路网络。此后，高速铁路线路逐渐向中西部地区延伸。目前，中国高速铁路已成功跻身世界领先行列，我国已经成为世界各国中营运里程最长、发展速度最快、客运能力最强的国家。高速铁路已经成为我国铁路运输系统的核心竞争优势，对我国的交通格局以及人们的生活出行都产生了巨大的影响。

4.2.2 高铁引致的“时空收敛”效应

高速铁路开通所导致的“时空收敛”效应对劳动力增加出行距离、拓展活动空间发挥了重要作用。我们计算了高速铁路开通之前以及高速铁路开通之后每个城市的可达性水平。

首先，2003年，中国城市可达性水平呈现出以河南省为中心、向周边依次递减的中心-外围空间格局。其中，可达性水平最高的城市为漯河市、商丘市等河南省城市，加权平均旅行时间为9~10小时。这说明未开通高铁之前，城市的地理区位对可达性水平具有重要影响。河南省位于我国中部，到全国其他城市的距离较为平均。此时，各城市的可达性水平主要由城市所在的地理位置决定。此外，东部地区路网密度高，交通发达，城市分布更密集，因此，东部地区城市可达性水平明显高于中西部地区。

其次，2017年，各城市可达性水平有了较大程度的提高，高值城市的可达性水平由原来的9.56小时缩减为8.82小时，低值城市的可达性水平也由原来的39小时缩减为24小时。这说明高铁的开通显著提高了中国各城市的可达性水平，产生了“时空收敛”效应。可达性分布整体上依然呈现出以河南省为中心、向周围逐渐递减的中心–外围格局。但是，从2017年城市可达性分布图来看，可达性高值区域可能零星有一些可达性水平相对较低的城市，这些城市未开通高铁，虽然也能受到周围城市高铁开通带来的可达性水平提高的影响，但是相对于直接开通高铁的城市来说，其可达性水平提高得相对较小。此外，在2017年城市可达性分布图中，“四纵四横”高铁线路具有较明显的影响，可达性空间格局呈现出一定的高铁线路指向性，即位于高铁线上的城市可达性水平较高。

最后，从2003—2017年可达性水平的变化来看，我国西北地区的可达性水平提高最大，西南地区和东北地区次之，说明高速铁路的开通改善了边缘地区的可达性水平，缩小了东部地区和中西部地区可达性之间的绝对差距。

4.3 专业化分布特征

4.3.1 产业专业化分布特征

本节计算了中国各城市产业专业化指数。2003年，产业专业化程度较高的城市零星分布于中国的各个地区，包括崇左市（主导产业为第一产业）、盘锦市（主导产业为第二产业）、淮北市（主导产业为第二产业）、七台河市（主导产业为第二产业）、双鸭山市（主导产业为第二产业）、鹤岗市（主导产业为第二产业）、克拉玛依市（主导产业为第二产业）、嘉峪关市（主导产业为第二产业）、东营市（主导产业为第二产业）、新余市（主导产业为第二产业）、伊春市（主导产业为第二产业）、黑河市（主导产业为第三产业）、三亚市（主导产业为第一产业）。这些城市的产业专业化指数均大于0.4，多数为中小城市且第二产业在该城市经济中占主导地位，这些城市凭借自身的资源禀赋发展城市优势产业。在规模较大的城市中，其人口异质性和各种地域因素及资源禀赋变化较大，因此产业专业化水平相对较低。2003年，大部分城市的产业专业化指数低于0.3，且较为分散。大部分省份同时拥有产业专业化指数相对较高和产业专业化指数相对较低的城市。值得注意的是，2003年，长江三角洲各城市的产业专业化指数均较低。

随着时间的推移，城市产业专业化指数整体上有上升趋势。2017年，中国城市产业专业化指数较2003年有了较大的提升，产业专业化指数高值城市数量增多，产业专业化水平较低的城市数量逐渐减少。产业专业化水平较高的地区包括东北地区、北部地区以及南部部分地区。具体来看，黑龙江省、内蒙古自治区、河北省、山西省、陕西省和广西壮族自治区的产业专业化水平较高。北方部分城市产业结构相对单一，城市优势产业突出，因而产业专业化水平较高且有逐渐上升趋势。另外，在长江三角洲城市群中，部分城市也呈现出产业专业化程度不断提高的趋势。产业专业化指数高值地区与低值地区之间呈现出相辅相成的特征。也就是说，在一个区域范围内，同时存在产业专业化水平较高和产业专业化水平较低的城市。

4.3.2 职能专业化分布特征

根据空间分工理论，城市的专业化不仅包括产业专业化分工，也包括城市功能的专业化。这是指各城市根据各自的比较优势发展不同的产业部门或者功能部门，进行专业化分工（苏红键和赵坚，2011）。城市职能专业化指数越高，说明城市的管理部门占比越大，城市的管理职能越强。城市职能专业化指数越小，说明城市生产部门所占比重越大，城市的生产职能越强。我们计算了各个城市的职能专业化指数后发现，城市职能专业化指数高值地区同样具有分散特征。从整体分布格局来看，与我国南方城市相比，除了个别大城市外，北方城市的职能专业化指数普遍较低。这种情况的发生有一定的历史原因，自古以来，我国北方城市以制造业为主，而南方城市产业发展的多样化程度更高，城市的管理职能也更强。

2003年，城市职能专业化指数较高的城市有三亚市、北京市、张家界市、娄底市、钦州市、绥化市、防城港市、北海市、玉林市、海口市、贵阳市、桂林市和上海市。城市职能专业化指数高值城市整体分布较为分散，主要集中于制造业比重较小、旅游资源较为丰富的城市，城市职能专业化水平较高主要源于原有的自然资源优势。2003年，城市职能专业化指数较低的城市有鹤岗市、金昌市、内江市、萍乡市和鹰潭市。这些城市的主要产业是制造业。2017年，城市职能专业化分布有了较大的变化。城市职能专业化水平较高的城市变为北京市、固原市、兰州市、上海市、广州市，这些城市多为大城市或省会城市，说明大城市逐渐转向职能专业化。2017年，职能专业化指数较低的城市有鸡西市、鹤岗市、大庆市、萍乡市、白银市、莱芜市等，这些城市的普遍特征为重工业较发达，第二产业为城市主导产业，因此主要发挥制造业功能。

4.3.3 专业化演变特征

本节进一步将城市进行分类，以便研究中国城市产业专业化与职能专业化的演变特征（见表4-2）。首先是产业专业化的演化特征，我们发现，不论是大城市还是中小城市，产业专业化指数均有上升的趋势。大城市产业专业化水平提高得较多，但整体上与中小城市产业专业化指数的上升相差不大。其次是职能专业化的演化特征，我们发现，大城市的职能专业化水平提高了，而中小城市的职能专业化水平降低了。这说明大城市转变为管理职能的专业化，而中小城市转变为生产职能的专业化。出现这种现象的主要原因是：高铁的开通减少了企业在不同城市之间的管理成本，管理成本的减少促进了企业生产和管理职能的分离。此外，生产工厂可以共享中间供应商，同类生产企业集聚可以降低生产成本，由此产生了循环累积专业化模式。当公司由单一部门转变为多部门时，在各个部门可以选择各自独立的工作场所时，公司的目标是将总部设在就业丰富的城市，将生产工厂设立在同行业专业化程度高的城市。

表4-2　　　　　　　**不同规模城市专业化特征演变**

城市规模	产业专业化指数			职能专业化指数		
	2003年	2017年	变化量	2003年	2017年	变化量
全部城市	0.2286	0.2602	0.0315	0.827599	0.785837	−0.042
大城市	0.2275	0.2607	0.0332	0.851382	0.855324	0.0039
中小城市	0.2297	0.2602	0.0299	0.804316	0.717807	−0.087

资料来源：由作者计算而成。

4.4　产业多样化分布特征

4.4.1　产业多样化分布的一般特征

根据产业多样化指数的计算公式，本节计算了各个城市的产业多样化指数。

2003年，我国城市产业多样化指数大多在2.25~2.5之间，在全国范围内呈现出较为均匀的分布特征。具体来看，产业多样化指数高值地区多分布于我国北方地区，而产业多样化指数低值地区多为东部沿海城市，尤其是山东半岛城市群，产业多样化指数均较低，呈现出较为单一的产业结构特征。2017年，中国城市产业多样化两极分化趋势显现并且呈现出产业多样化指数“北高南低”的趋势。产业多样化指数高值城市多集中于我国北部地区。山东半岛以南的东南部地区的产业多样化指数较低，山东省、江苏省、浙江省、湖南省、福建省和广东省的大部分城市的产业多样化指数相对较低。2017年，一个很有趣的现象是，产业多样化高值城市多分布于“胡焕庸线”附近，并且东南沿海城市产业多样化指数较低。产业多样化指数呈现出明显的高值与低值相间的分布特征，说明城市之间产业多样化可能存在溢出效应。

从2003—2017年的变化来看，产业多样化指数高值城市数量增多，但是产业多样化指数高的城市数量减少，说明城市产业多样化分布的两极分化加剧了。

4.4.2 相关多样化分布特征

产业多样化包括产业间相关多样化与无关多样化。在分析了产业多样化格局的基础上，我们进一步对产业间相关多样化的空间分布特征进行分析。

2003年，产业相关多样化指数高值城市主要分布于我国北部地区和长江流域。这些城市虽然呈现出产业多样化水平提高的特征，但是产业之间仍然具有紧密的联系，或者说它们更侧重于某一类产业的发展，即产业结构全面开花而又相互联系。2003年，产业相关多样化指数在1.20~1.40的城市数量有171个，是城市总数的大部分，约为60.42%。2017年，产业相关多样化分布格局较2003年有了较大的变化，从整体来看，相关多样化指数有下降的趋势。相关多样化指数在1.00~1.20区间内的城市数量明显增多。我国北部地区和长江流域城市相关多样化指数相对较高，尤其是北京市、上海市和东北三省的城市，其相关多样化指数较高。山东省、河南省、江苏省、浙江省和江西省的城市产业相关多样化水平较低。

4.4.3 无关多样化分布特征

产业多样化可分解为相关多样化和无关多样化，在上文分析了各城市相关多样化分布特征的基础上，我们继续分析各城市无关多样化的分布特征。

首先，2003年，产业无关多样化指数高值（无关多样化指数>1.10）城市在全国范围内分布较为分散，并且主要集中于我国中部地区。黑龙江省、吉林省、山东半岛、长江三角洲的城市产业无关多样化指数较低。

其次，2017年与2003年相比，城市产业无关多样化有了较大的变化。无关多样化高值（无关多样化指数>1.10）城市数量明显增多，主要分布于我国中部和北部。另外，产业无关多样化高值地区开始连接成片，说明区域之间的产业分布可能存在明显的溢出效应。随着我国交通基础设施的不断完善，城市之间的联系更为紧密，城市与城市之间在产业分布上可能相互影响。东南沿海城市产业无关多样化指数在两个年份均较低，产业结构特征变化不明显，没有多个占比较大的产业。

需要指出的是，吉林省、黑龙江省和江苏省的城市产业相关多样化指数较高，但是无关多样化指数较低，说明这些城市产业虽然呈现出多样化发展趋势，但产业与产业之间亦存在一定的联系。此外，产业专业化、产业多样化、相关多样化和无关多样化并不是矛盾的。一些城市产业专业化水平较高，产业多样化水平、相关多样化水平和无关多样化水平也均较高，比如我国东北地区的一些城市。也有一些城市产业专业化水平和多样化水平均较低，如东南沿海的一些城市。因此，产业专业化与多样化之间并不是非此即彼的关系，二者可能共生。我国目前处于快速发展阶段，城市产业多样化水平整体相对较低。城市产业专业化和多样化作为产业集聚的两种形式，哪种更符合我国经济的发展特征，目前仍需继续探讨。

4.5 本章小结

本章通过分析我国高速铁路的发展历程及高铁开通所产生的“时空收敛”效应、城市产业专业化和多样化的空间分布，系统总结了产业专业化与多样化的时空演化特征，为下文进行实证分析奠定了基础。

第一，本章第1节为各项指标的计算方法，第2节系统总结了高铁开通及其引致的城市可达性时空演化特征。2008年8月1日，京津城际铁路的开通标志着我国正式进入高铁时代。自此，我国高速铁路迅猛发展，截至2017年年底，我国已经成为世界上高铁运营里程最长、在建规模最大的国家。高速铁路的开通提高了城市之间的可达性水平，产生了巨大的“时空收敛”效应。中国城市可达性分布呈现出以河南为中心、向周边依次递减的中心–外围空间格局。另外，高速铁路开通后，可达性空间格局呈现出一定的高铁线路指向性，即位于高铁线上的城市可达性水平较高。高速铁路的开通显著改善了边缘地区城市可达性水平，缩小了东部地区和中西部地区城市可达性水平之间的绝对差距。

第二，本章总结了城市产业专业化和职能专业化的时空演化特征。2003—2017年，中国城市产业专业化指数整体上有了较大的提升，并且在一定区域范围内（如省、城市群等）同时存在产业专业化水平较高和产业专业化水平较低的城市。对城市职能专业化来说，在整体分布格局中，我国南方城市的职能专业化指数高于北方城市的职能专业化指数。另外，大城市的职能专业化水平不断提高，而中小城市的职能专业化水平相对较低。这说明大城市逐渐转变为管理职能的专业化，而中小城市逐渐转变为生产职能的专业化。

第三，为了总结产业多样化分布的时空演化特征，本章进一步将产业多样化分解为相关多样化与无关多样化，从而细化了研究内容。产业多样化指数呈现出明显的高值城市零星分布特征，但是依然呈现出高值-高值在一起的团聚结构，说明产业多样化可能在城市之间存在空间溢出效应。另外，2003—2017年，产业多样化指数高值城市数量增多，但是产业多样化指数高的城市数量减少，说明城市产业多样化分布的两极分化程度加剧了。与2003年产业相关多样化分布格局比较，2017年，从整体来看，相关多样化指数有下降的趋势。无关多样化高值城市在2003年分布较为分散，2017年则变得相对集中，主要分布于我国东北和中部地区。

通过总结高铁线路分布、城市产业专业化和多样化分布特征，我们证明了城市产业结构存在溢出效应、区域内存在一定的产业分工，这些为下文的实证研究奠定了现实基础。

5

高速铁路开通对企业区位选择的影响

第4章详细描述了我国高速铁路建设、高铁开通引起的“时空收敛”效应，产业专业化与多样化分布时空演化的特征事实，发现城市产业分布可能存在空间溢出效应，即城市之间的产业结构可能相互影响。产业专业化和多样化是产业集聚的两种表现形式。传统意义上的产业集聚一般以市场机制为导向，在市场力量的作用下，企业和各类要素会依据效率原则选择最优的区位自发集聚。这样的产业集聚更多的是注重企业之间的内在关联性及企业行为与当地比较优势的适宜性，因而能够有效地激发产业的集聚效应，提升城市就业创造和人口吸纳能力（尹靖华和韩峰，2019）。在企业进行区位选择的过程中，各地区的优势条件充分展现出来。决定产业集聚的区位优势条件既包含传统意义上的比较优势，也包含由特定区位条件而决定的空间外部性优势。产业集聚只有体现区域优势条件，才能克服区际产业结构趋同困境，充分发挥集聚效应，创造有效的就业需求，提高城市人口吸纳能力（韩峰和李玉双，2019）。从城市经济学的模型来看，市场上的运输成本与生产规模是不成比例的，因此，各经济部门都存在层级结构问题。这样一来，位于中心-外围理论中的中心地区的制造业会向外围地区延伸，进一步形成经济较为发达的城市中心区位。总体来说，高速铁路开通对于产业专业化和多样化影响的本质是高速铁路对于不同类型行业企业区位选择的影响。古典区位论强调了地理距离决定了企业的运输费用，运输费用则是影响企业选址的重要因素（林善浪等，2018）。

本章采用城市企业数量度量企业的区位选择，我们认为，城市或者高铁站区的企业数量越多，证明对企业越有吸引力，从而可以度量企业的区位选择偏好。本章从微观角度证明高铁开通的产业分布效应，为下文中高铁开通影响产业专业化和多样化的实证检验提供证据支撑。本章采用经济普查数据中各城市企业数量、高铁站区企业数量以及各城市中不同类型行业企业数量进行度量，实证检验高铁开通对于企业区位选择以及不同类型行业企业区位选择的影响。本章的内容主要包括四部分：

第一，高铁开通对于城市企业总数量的影响。本章汇总了各个城市企业的总数量，并且查询了城市首次开通高铁的时间以及高铁开通日停靠频次。首先，我们实证检验高铁开通对于城市企业数量的影响，从而证明高铁开通对企业区位选择的影响。其次，我们采用城市高铁开通年数和高铁开通频次代替高铁开通虚拟变量，在进行高铁效应稳健性检验的同时，证明高铁开通时间累积效应及其对服务能力的影响。进行回归时，我们将城市按照规模进行分类，证明高铁开通对不同规模城市企业数量的影响，考察高铁开通的产业分布效应。

第二，将城市产业根据行业代码分为农林牧渔业、工业制造业、生产性服务业、消费性服务业、流通性服务业和社会性服务业六大类，分别检验高铁开通对于不同类型行业企业影响的异质性，进一步证明高速铁路开通的产业分布效应。

第三，本章检验高铁开通对高铁站区企业数量的影响。首先，我们查询了全部高铁站的具体位置以及所在区县，通过行政区划代码筛选出各高铁站区的企业数量。由于我国城市存在区划调整，因此删除了有区划调整的区县。其次，本章采用站名精确匹配查询了每个高铁站的开通时间以及高铁的通车频次，实证检验高铁开通、高铁开通年数、高铁站高铁通车频次对于高铁站区企业数量的影响。最后，我们对高速铁路和城市企业数量之间的作用路径进行检验。采用中介效应模型，并结合上文中的理论分析，我们选取城市人力资本和市场规模作为中介变量，实证检验高铁开通是否通过提高城市人力资本水平和扩大城市市场规模促进城市企业数量的增加，为上文中高铁开通促进城市产业集聚的理论分析提供数据支撑。

第四，本章通过证明高铁开通对企业区位选择的影响，证明高速铁路开通的产业分布效应。正是由于这种分布效应的存在，城市出现了产业专业化或多样化的分布格局。

5.1 研究设计与数据说明

5.1.1 研究设计

1）双重差分模型

双重差分方法作为政策效应评估的常用方法，广泛应用于高速铁路影响的研究中（Qin，2016；张克中和陶东杰，2016）。双重差分方法通过计算外生的公共政策带来的横向单位和时间序列两个方面的差异，识别公共政策的“处理效应”（周黎安和陈烨，2005；陈林和伍海军，2015）。双重差分方法的优点主要有以下两方面：第一，政策相对于微观主体而言一般是外生的，因而能够在很大程度上避免内生性问题的困扰。此外，使用固定效应模型，在一定程度上缓解了遗漏变量偏误问题。第二，在传统的政策效应评估中，一般是设置一个政策发生与否的虚拟变量，然后进行回归。相比较而言，双重差分方法的模型设置更加科学，能更准确地估计政策效应。

在本书中，我们采用DID方法，将全国地级市分为受高速铁路开通影响的处理组和不受高速铁路开通影响的对照组。通过双重差分方法计算处理组和对照组在政策实施（高速铁路开通）前后的变化量，然后再计算两组变化量的差值，即求得倍差，从而衡量高速铁路开通对企业区位选择影响的净效应（邓涛涛和王丹丹，2018）。因此，DID方法的优点是能够有效地控制个体和时间不同带来的影响，并且能够有效地控制可能存在的与高铁开通有关的遗漏变量，最终体现高铁开通所带来的净效应影响。

我们将研究样本分为处理组和对照组。H_i=1表示城市i属于受政策影响的处理组，H_i=0表示城市i是不受政策影响的对照组。t为时间变量：$t1$表示政策实施以后，$t0$表示政策实施以前。经过城市个体和时间趋势两次差分，得到政策的净效应β：

$$\beta = \Delta\bar{Y}_1 - \Delta\bar{Y}_0 = (\bar{Y}_{1,\ t1} - \bar{Y}_{1,\ t0}) - (\bar{Y}_{0,\ t1} - \bar{Y}_{0,\ t0}) \tag{5.1}$$

基础模型如下：

$$Y_{it} = \alpha H_i + \gamma T_t + \beta(H_i \times T_t) + \varepsilon_{it} \tag{5.2}$$

我们用表5-1解释为何β为双重差分估计量。

表5-1　**DID模型解释**

项目	政策实施前	政策实施后	Difference
处理组	$\beta_0+\beta_1$	$\beta_0+\beta_1+\beta_2+\beta_3$	$\beta_2+\beta_3$
对照组	β_0	$\beta_0+\beta_2$	β_2
Difference	β_1	$\beta_1+\beta_3$	β_3（DID估计量）

上述模型假设政策在同一年实施，交叉项系数β表示政策影响的净效应。因为我国高速铁路是逐年开通的，属于逐年实施的政策，因此，我们将模型改写为更一般的形式：

$$\ln(Y_{it}) = \alpha + \beta HSR_{it} + \gamma X_{it} + \mu_i + \delta_t + \varepsilon_{it} \tag{5.3}$$

本章的实证研究主要分为三个部分：

实证研究的第一部分为高铁开通对城市层面企业总数量的影响。我们采用DID方法检验高速铁路开通对城市层面企业区位选择的影响。被解释变量Y_{it}为城市i在t年的企业数量。HSR_{it}为交叉项虚拟变量，相当于式（5.2）中的$H_i \times T_t$。我们只有三个年份的数据，HSR_{it}=1是指城市i在t年开通了高铁；否则，HSR_{it}=0。也就是说，HSR_{it}在城市开通高铁之前全部为0，在高铁开通之后全部为1。β为高铁开通对城市企业区位选择影响的净效应，也是主要解释变量的估计系数。如果该统计量为正且在一定统计水平下显著，说明高速铁路建设促进了城市企业数量的增加；如果该统计量为负且在一定统计水平下显著，说明高速铁路建设抑制了城市企业数量的增加；如果该统计量不显著，则表明高速铁路建设对城市企业数量的影响不明显。X_{it}为相关控制变量，α为常数项，μ_i为个体固定效应，δ_t为时间固定效应，ε_{it}为残差项。

由于数据存在时间跨度，我们进一步采用高铁开通年数（*time*）连续变量代替高铁开通虚拟变量，采用双向固定效应模型检验高铁开通时间对于城市企业数量的影响，在作为稳健性检验的同时，也考察高铁开通的时间累积效应。另外，采用高铁开通频次（*fre*）连续变量代表城市高铁的服务能力，检验高铁服务能力对于城市企业数量的影响。

实证研究的第二部分为高铁开通对不同类型行业企业数量的影响。我们将上文中的被解释变量替换为不同类型行业企业数量，分别检验高铁开通、高铁开通年数和高铁频次对于农林牧渔业、工业制造业、生产性服务业、消费性服务业、流通性服务业和社会性服务业的影响，检验高铁开通对于城市不同类型行业企业影响的异质性。通过检验高铁开通影响的异质性，我们证明了高速铁路开通所产生的产业分布效应，这种效应影响了城市产业专业化和多样化的发展。

实证研究的第三部分为高铁开通对高铁站区企业数量的影响。被解释变量为高铁站区所有行业的企业总数量，实证检验高铁开通是否在站区层面对企业的区位选择产生显著的影响，进一步证明高速铁路开通对于企业区位选择的影响。

2）中介效应模型

我们借鉴温忠麟和叶宝娟（2014）的中介效应模型对高速铁路开通对城市企业数量的影响机制进行检验，中介效应模型设置思路如图5-1所示，构建递归模型进行检验。同时，根据第3章的理论分析与影响机制分析思路，我们选取城市人力资本与市场规模作为中介变量，验证高速铁路开通是否通过形成“劳动力池”和扩大市场规模来影响企业的区位选择，进而影响城市产业的集聚特征。

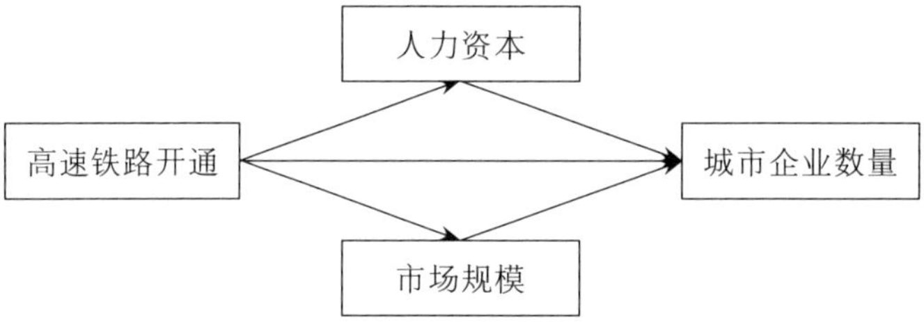

图5-1　高速铁路开通对城市企业数量影响的中介效应模型

中介效应基准模型为普通最小二乘法（OLS）模型，与上文中模型的设置思路相同，主要包括被解释变量、主要解释变量和控制变量。主效应模型设置如下：

$$\ln Y_{it} = \alpha_0 + \alpha_1 HSR_{it} + \alpha_2 X_{it} + \varepsilon_{it} \tag{5.4}$$

同上文中DID模型相同，Y_{it}为城市i在t年的企业数量，t为年份，HSR_{it}为高铁开通变量，α_0为常数项，ε_{it}为随机扰动项。这是中介效应检验的第一步，我们对式（5.4）进行回归，检验高速铁路开通变量的回归系数是否显著为正。如果系数α_1显著为正，说明高铁建设对城市企业数量有影响，然后进行下一步；如果系数α_1不显著，则停止检验。

接着进行第二步回归，分别将高铁开通变量对两个中介变量进行回归，探讨高铁开通能否促进城市人力资本水平的提高和市场规模的扩大。主要解释变量对中介变量回归的模型设置如下：

$$\ln M_{it} = \beta_0 + \beta_1 HSR_{it} + \beta_2 X_{it} + \varepsilon_{it} \tag{5.5}$$

M_{it}为中介变量，由上文中的理论分析而来。我们采用中介变量对高铁开通进行回归，以确定高铁开通影响中介变量的方向。根据上文的理论分析，高速铁路的开通有利于城市劳动力的集聚，因此在人力资本水平的回归中，高铁开通变量应该显著为正。同理，高速铁路的开通有助于扩大城市的市场规模，因此在市场规模的回归中，系数亦应该显著为正。

最后检验高铁开通是否通过上述两个中介变量促进城市企业数量的增加，将高铁开通变量和中介变量同时放入模型中进行检验。模型设置如下：

$$\ln Y_{it} = \gamma_0 + \gamma_1 HSR_{it} + \gamma_2 M_{it} + \gamma_3 X_{it} + \varepsilon_{it} \tag{5.6}$$

这里的M_{it}为高铁开通影响城市企业数量的中介变量。对式（5.6）进行回归，重点关注中介变量M_{it}系数的方向和显著性，同时关注高铁开通变量HSR_{it}在式（5.4）和式（5.6）中回归系数的变化。γ_1和γ_2均显著为正，且系数γ_1与α_1相比有所下降，说明存在部分中介效应；如果式（5.6）中HSR_{it}的回归系数γ_1不显著，但M_{it}的回归系数γ_1显著，则说明M_{it}为完全中介效应。

5.1.2 变量说明

第一，被解释变量。被解释变量主要包括城市企业总数量（*enum*）、不同类型行业企业数量（农林牧渔业*P*1、工业制造业*P*2、生产性服务业*P*3、消费性服务业*P*4、流通性服务业*P*5和社会性服务业*P*6）和高铁站区企业数量（*snum*）。各被解释变量均取对数形式。

第二，中介变量。中介变量选择人力资本（*M*1）和市场规模（*M*2）。人力资本（*M*1）主要是各个城市的劳动力资源，用城市的就业人数来表示。市场规模（*M*2）用本地市场规模与外地市场规模之和来表示。本地市场规模就是本地城市的GDP水平；外地市场规模采用引力模型计算，不仅考虑了城市的经济规模，也考虑了城市之间的交通距离。城市之间的交通距离由ArcGIS计算而来。

第三，解释变量。主要的解释变量为高速铁路是否开通变量（*HSR*），用虚拟变量表示。当城市开通高铁时，*HSR*=1；当城市未开通高铁时，*HSR*=0。此外，我们分别采用高铁开通年数（*time*）和高铁开通频次（*fre*）两个连续变量代替高铁开通虚拟变量，检验高铁开通对企业区位选择的时间累积效应以及高铁服务能力对于企业区位选择的影响。

新经济地理学理论从地区产业的外部性、人力资本、城市化、交通运输、信息化水平和技术水平等角度研究产业集聚的影响因素（袁旭宏和汪晨晨，2019）。根据相关文献，本书的控制变量主要包含经济因素（ln*Sala*）、城市规模（ln*Pop*）、对外开放程度（ln*FDI*）、本地市场需求（ln*MAR*）、政府行为（ln*Pexp*）、信息化水平（ln*Mobi*）及文化因素（ln*Stu*）。经济因素（ln*Sala*）用城市人均工资水平表示。城市人均工资水平越高，城市对于劳动力的吸引力越大，越有利于城市产业的发展。城市规模（ln*Pop*）用城市年末人口总量表示，城市人口数越多，城市劳动力越密集，越有利于企业的选址。对外开放程度（ln*FDI*）用外商直接投资表示，城市开放程度越高，越有利于企业的发展。本地市场需求（ln*MAR*）用社会消费品零售总额除以城市内部距离表示，代表本地市场对于零售业商品的需求，需求越大，越有利于城市产业的发展。政府行为（ln*Pexp*）用公共预算支出占GDP比重来表示，公共预算支出越大，政府扶持本地企业发展的动机越强，越有利于本地产业的发展。信息化水平（ln*Mobi*）用每万人移动电话数表示，城市信息化水平越高，越有利于发展新技术，越能促进产业的发展。文化因素（ln*Stu*）用本地大学生数表示，在一定程度上能够显示本地劳动力的知识文化水平。本地劳动力的知识文化水平越高，越有利于高端产业的发展。

5.1.3 数据处理与说明

本章采用微观经济普查数据，考察高铁开通对企业区位选择的影响。经济普查的对象是在中国境内从事第二产业和第三产业的全部法人单位、产业活动单位和个体经营户，能够准确地反映城市企业数量的变化以及企业的区位选择。我国分别于2004年、2008年、2013年和2018年开展了四次全国经济普查，我们采用2004年、2008年和2013年三个年份的数据进行实证分析。

首先，在城市层面，我们统计了每个城市各个年份的企业总数量，并且根据行业代码进行了分类统计，得到各城市不同行业的企业总数。各行业根据《国民经济行业分类》进行分类。《国民经济行业分类》国家标准于1984年首次发布，分别于1994年、2002年、2011年、2017年进行了四次修订，每次修订均有部分内容改动。为了保证各年份中各行业企业数量统计口径的统一，我们对2004年和2008年的数据根据《国民经济行业分类》2002年版进行分类，2013年的数据根据《国民经济行业分类》2011年版进行分类。具体做法如下：第一，根据两位数行业代码进行分类统计；第二，根据《国民经济行业分类》进行加总，得到《中国城市统计年鉴》中的19类行业；第三，将这19类行业分为农林牧渔业、工业制造业、生产性服务业、消费性服务业、流通性服务业和社会性服务业6大类，分别检验高铁开通对每一类行业企业总数量的影响。

其次，在高铁站层面，我们从国家铁路局网站收集了2003—2017年我国高铁开通的数据，并通过检索高铁开通线路进行补充。根据百度地图，我们查询了各个高铁站的具体位置信息以及各个高铁站所在的区县。根据各个区县的行政区划代码统计高铁站所在区县的企业总数量，从高铁站层面考察高铁开通对企业区位选择的影响。由于我国存在行政区划调整，为了保证研究期内统计口径的一致，我们核对了各个区县行政区划的调整情况，删除了进行过区划调整的区县。

再次，高铁频次数据来源于各年份“极品列车时刻表”，因为有的城市存在多个高铁站，我们分别查询了城市层面的高铁频次以及每个高铁车站的高铁频次数据。城市层面共包括283个城市，高铁站区层面共包括432个高铁站。

表5-2（1）（2）（3）分别为城市层面变量、分行业变量和高铁站区层面变量描述性统计。

最后，中介变量和控制变量数据来源于三个年份的《中国城市统计年鉴》，缺失的数据根据其他年鉴以及相应的统计公报进行补充。

城市规模根据国务院印发的《关于调整城市规模划分标准的通知》进行分类。2014年10月，国务院印发了《关于调整城市规模划分标准的通知》，对原有城市规模划分标准进行了调整，明确了新的城市规模划分标准。新的城市规模划分标准以城区常住人口为统计口径，将城市划分为五类七档：城区常住人口50万以下的城市为小城市，其中20万以上50万以下的城市为Ⅰ型小城市，20万以下的城市为Ⅱ型小城市；城区常住人口50万以上100万以下的城市为中等城市；城区常住人口100万以上500万以下的城市为大城市，其中300万以上500万以下的城市为Ⅰ型大城市，100万以上300万以下的城市为Ⅱ型大城市；城区常住人口500万以上1 000万以下的城市为特大城市；城区常住人口1 000万以上的城市为超大城市。我们根据此标准进行了分类，将2003年城市城区常住人口100万以上的列为大城市，将城市城区常住人口100万以下的列为中小城市。

表5-2（1）　　　　　**城市层面变量描述性统计**

变量	指标说明	Obs	Mean	Std. Dev.	Min	Max
ln*enum*	城市企业总数量的对数值	849	10.11	0.825	7.729	13.28
HSR	高铁开通变量	849	0.130	0.336	0	1
HSR_{2004}	2004年高铁开通变量（反事实变量）	849	0.008	0.090	0	1
HSR_{2008}	2008年高铁开通变量	849	0.008	0.090	0	1
HSR_{2013}	2013年高铁开通变量	849	0.121	0.327	0	1
time	高铁开通年数	849	0.398	1.181	0	6
ln*fre*	高铁日运营频次的对数值	849	0.492	1.385	0	6.395
ln*M*1	城市就业人数的对数值	849	3.379	0.788	1.297	6.539
ln*M*2	市场规模的对数值	849	0.716	0.659	0.016	3.482
ln*Sala*	人均工资的对数值	849	10.09	0.547	8.733	11.45
ln*pop*	年末人口数的对数值	849	5.848	0.690	2.819	8.119
ln*FDI*	外商直接投资的对数值	849	9.127	2.618	0	14.34
ln*MAR*	本地市场需求	849	3.626	0.723	1.258	5.982
ln*Pexp*	公共预算支出占GDP比重对数值	849	0.132	0.0645	0.0397	0.597
ln*mobi*	每万人移动电话数的对数值	849	8.417	0.846	4.974	11.49
ln*stu*	在校大学生数的对数值	849	10.09	1.487	5.442	13.80

资料来源：由作者计算而成。

表5-2（2）　　分行业变量描述性统计

变量	指标说明	Obs	Mean	Std. Dev.	Min	Max
ln*P*1	农林牧渔业企业数量的对数值	555	5.728	2.109	0	10.70
ln*P*2	工业制造业企业数量的对数值	555	8.905	1.068	5.714	11.90
ln*P*3	生产性服务业企业数量的对数值	555	7.636	1.013	4.511	11.23
ln*P*4	消费性服务业企业数量的对数值	555	7.442	1.011	4.691	11.07
ln*P*5	流通性服务业企业数量的对数值	555	8.695	1.034	5.673	12.39
ln*P*6	社会性服务业企业数量的对数值	555	9.043	0.644	6.923	11.37
HSR	高铁开通变量	555	0.137	0.344	0	1
time	高铁开通年数	555	0.441	1.258	0	6
ln*fre*	高铁日运营频次的对数值	555	0.569	1.492	0	6.395
ln*M*1	城市就业人数的对数值	555	3.485	0.775	1.666	6.371
ln*M*2	市场规模的对数值	555	0.808	0.705	0.016	3.482
ln*Sala*	人均工资的对数值	555	10.10	0.545	8.733	11.42
ln*pop*	年末人口数的对数值	555	5.953	0.630	4.272	8.119
ln*FDI*	外商直接投资的对数值	555	9.784	2.027	0	14.34
ln*MAR*	本地市场需求	555	3.757	0.680	1.718	5.982
ln*Pexp*	公共预算支出占GDP比重对数值	555	0.126	0.0588	0.0397	0.485
ln*mobi*	每万人移动电话数的对数值	555	8.456	0.832	6.351	11.49
ln*stu*	在校大学生数的对数值	555	10.26	1.450	5.442	13.80

资料来源：由作者计算而成。

表5-2（3）　　高铁站层面变量描述性统计

变量	指标说明	Obs	Mean	Std.Dev.	Min	Max
ln*snum*	高铁站区企业数量的对数值	1 296	8.312	0.822	3.434	11.64
HSR	高铁开通变量	1 296	0.140	0.348	0	1
time	高铁开通年数	1 296	0.458	1.277	0	6
ln*fre*	高铁日运营频次的对数值	1 296	0.503	1.294	0	5.814
ln*Sala*	人均工资的对数值	1 296	10.14	0.540	9.030	11.45
ln*pop*	年末人口数的对数值	1 296	6.130	0.605	4.272	8.119
ln*FDI*	外商直接投资的对数值	1 296	10.12	2.110	0	14.34
ln*MAR*	本地市场需求	1 296	3.849	0.690	1.258	5.982
ln*Pexp*	公共预算支出占GDP比重对数值	1 296	0.120	0.0524	0.0397	0.531
ln*mobi*	每万人移动电话数的对数值	1 296	8.528	0.807	4.974	11.49
ln*stu*	在校大学生数的对数值	1 296	10.80	1.454	5.485	13.80

资料来源：由作者计算而成。

5.2 实证结果

5.2.1 高速铁路开通对城市企业区位选择的影响

为了检验高速铁路开通对城市企业区位选择的影响，首先，我们进行多重共线性检验，方差膨胀因子（*VIF*）最大为5.02，平均*VIF*为2.96，说明不存在明显的多重共线性问题；其次，我们采用双重差分方法检验城市高速铁路开通对于城市企业数量的影响，证明了高铁开通对城市企业区位选择的影响；最后，我们进一步按照规模将城市分为大城市和中小城市，分别检验高铁开通对不同规模城市企业区位选择的影响。估计结果见表5-3（1）（2）。

表5-3（1）　　**高速铁路开通对企业区位选择的影响**

变量	(1) 全部城市	(2) 大城市	(3) 全部城市	(4) 大城市	(5) 中小城市
HSR_{2004}	0.113	0.0858			
	(1.29)	(0.96)			
HSR_{2008}	0.143	0.151^{*}			
	(1.64)	(1.71)			
HSR_{2013}	0.0979^{***}	0.126^{***}			
	(3.87)	(3.55)			
HSR			0.0919^{***}	0.117^{***}	0.0686^{*}
			(3.79)	(3.59)	(1.71)
ln$Sala$	0.00134	-0.184^{*}	-0.00337	-0.198^{*}	0.110
	(0.02)	(-1.65)	(-0.05)	(-1.81)	(1.07)
lnpop	1.101^{***}	0.972^{***}	1.089^{***}	0.957^{***}	1.422^{***}
	(7.06)	(4.75)	(7.00)	(4.70)	(5.80)
lnFDI	-0.00962	-0.0218^{*}	-0.00918	-0.0207^{*}	-0.00789
	(-1.62)	(-1.87)	(-1.55)	(-1.79)	(-1.11)
lnMAR	0.213^{***}	0.214^{*}	0.210^{***}	0.210^{*}	0.199^{**}
	(2.98)	(1.91)	(2.95)	(1.88)	(2.14)
ln$Pexp$	-0.710^{**}	-0.334	-0.692^{**}	-0.299	-0.886^{**}
	(-2.58)	(-0.73)	(-2.52)	(-0.66)	(-2.49)
ln$mobi$	0.0968^{***}	0.199^{***}	0.0983^{***}	0.201^{***}	0.0618^{*}
	(3.21)	(3.57)	(3.27)	(3.63)	(1.71)

续表

变量	(1) 全部城市	(2) 大城市	(3) 全部城市	(4) 大城市	(5) 中小城市
ln*stu*	0.0224	0.0760**	0.0238	0.0785**	0.000849
	(1.16)	(2.24)	(1.24)	(2.33)	(0.04)
Constant	2.096*	3.342*	2.193*	3.531**	-0.157
	(1.68)	(1.85)	(1.76)	(1.98)	(-0.09)
个体固定效应	Yes	Yes	Yes	Yes	Yes
时间固定效应	Yes	Yes	Yes	Yes	Yes
Observations	849	420	849	420	429
Number of groups	283	140	283	140	143
R-squared	0.669	0.701	0.668	0.700	0.654

注：括号中为 *t* 值；*、**、***分别表示10%、5%和1%的显著性水平。

资料来源：由作者计算而成。

表5-3（2） **高速铁路日运营频次对企业区位选择的影响**

变量	(6) 全部城市	(7) 大城市	(8) 中小城市	(9) 全部城市	(10) 大城市	(11) 中小城市
time	0.0155**	0.0204**	0.0113			
	(2.29)	(2.33)	(0.91)			
ln*fre*				0.0102*	0.0167**	0.00258
				(1.73)	(2.20)	(0.23)
ln*Sala*	-0.0162	-0.236**	0.115	-0.0191	-0.237**	0.115
	(-0.22)	(-2.15)	(1.11)	(-0.26)	(-2.15)	(1.12)
ln*pop*	1.088***	0.922***	1.434***	1.101***	0.938***	1.443***
	(6.93)	(4.47)	(5.83)	(7.01)	(4.55)	(5.87)

续表

变量	（6） 全部城市	（7） 大城市	（8） 中小城市	（9） 全部城市	（10） 大城市	（11） 中小城市
ln*FDI*	−0.00917	−0.0185	−0.00822	−0.00946	−0.0187	−0.00854
	（−1.53）	（−1.58）	（−1.15）	（−1.58）	（−1.59）	（−1.20）
ln*MAR*	0.198***	0.215*	0.181*	0.192***	0.205*	0.180*
	（2.75）	（1.89）	（1.96）	（2.67）	（1.81）	（1.94）
ln*Pexp*	−0.743***	−0.286	−0.927***	−0.769***	−0.290	−0.954***
	（−2.68）	（−0.62）	（−2.60）	（−2.76）	（−0.63）	（−2.68）
ln*mobi*	0.0974***	0.192***	0.0644*	0.0991***	0.202***	0.0661*
	（3.22）	（3.43）	（1.78）	（3.26）	（3.56）	（1.82）
ln*stu*	0.0257	0.0830**	0.00273	0.0252	0.0816**	0.00391
	（1.33）	（2.42）	（0.11）	（1.30）	（2.38）	（0.16）
Constant	2.353*	4.085**	−0.245	2.323*	3.977**	−0.320
	（1.88）	（2.27）	（−0.13）	（1.85）	（2.19）	（−0.18）
时间固定效应	Yes	Yes	Yes	Yes	Yes	Yes
个体固定效应	Yes	Yes	Yes	Yes	Yes	Yes
Observations	849	420	429	849	420	429
Number of groups	283	140	143	283	140	143
R-squared	0.662	0.692	0.652	0.661	0.692	0.651

注：括号中为 *t* 值；*、**、***分别表示10%、5%和1%的显著性水平。

资料来源：由作者计算而成。

在进行双重差分方法估计时，为了保证分析结果的客观性和可信性，处理组和对照组在高速铁路开通之前应有相同的趋势。我们基于一个反事实框架评估高速铁路开通和不开通两种情况下处理组和对照组被解释变量的变化。如果高速铁路开通之前，处理组和对照组被解释变量没有显著差异，那就说明处理组和对照组在高铁开通之前，城市企业数量的变化趋势相同。高铁开通之后，通过计算处理组和对照组城市企业数量的变化，就能得出高速铁路开通对城市企业区位选择影响的实际效果。本章通过反事实检验方法验证处理组和对照组的平行趋势假设。

我们将高铁实际开通时间提前4年，假设2008年开通高铁的城市在2004年已经开通了高速铁路，构造一个反事实变量HSR_{2004}。如果HSR_{2004}的系数不显著，就证明2004年处理组和对照组城市企业数量没有显著的差异，平行趋势假设得到满足。表5-3（1）中的模型（1）和模型（2）的回归结果[①]显示，HSR_{2004}的系数不显著，HSR_{2008}和HSR_{2013}的系数显著为正。这说明在高速铁路开通之前，高铁开通对处理组和对照组城市企业区位选择的影响不存在显著差异。高铁开通之后，高铁变量的系数显著为正，说明高速铁路的开通对企业区位选择的影响开始显现，证明高速铁路开通对企业区位选择产生了影响。平行趋势假设得到满足，可以采用双重差分方法进行估计。

模型（3）为283个城市的全样本回归，结果显示，核心解释变量HSR的系数为正，且在1%的统计学水平上显著，说明城市高速铁路的开通对城市企业的数量，也就是企业的集聚具有显著的正效应。相比于没有开通高铁的城市，开通高铁的城市对企业选址更具吸引力，从而使得开通高铁的城市企业数量增加得更多。模型（4）和模型（5）为分样本回归，结果依然显著为正，说明不论是大城市还是中小城市，高铁的开通均能提升企业的集聚水平，能够显著促进城市

① 模型（1）为283个城市全样本的平行趋势检验结果，模型（2）为以140个大城市为研究样本时的平行趋势检验结果。当以中小城市为研究样本时，由于2008年没有中小城市开通高铁，因此构造的HSR_{2004}反事实变量和HSR_{2008}年高铁开通变量样本值均为0，在回归时被省略（omitted），HSR_{2013}的系数依然是显著的。

企业数量的增加。高铁的开通降低了货物运输成本，扩大了城市的市场范围，并且促进了劳动力的集聚，因此，显著地提升了城市企业的集聚水平。

在控制变量中，人口规模（即城市规模，ln*pop*）、本地市场需求（即市场化程度，ln*MAR*）和信息化水平（ln*mobi*）的系数显著为正，说明城市人口规模、市场潜力以及信息化程度对于企业选址具有正向吸引力，也证明了本书的理论分析。人口规模越大，越能降低企业对于劳动力的搜寻成本，越有利于企业生产成本的降低，因此能够促进企业的集聚。本地市场需求越大，越有利于企业产品的销售，因此同样能够产生对企业选址的正向吸引力。信息化水平可以衡量知识溢出，因此信息化程度越高，企业接收的其他企业的知识溢出越多，越有利于企业的集聚。以大城市为研究样本时，人均工资水平和外商直接投资的系数显著为负。人均工资水平越高，企业的生产成本越高，因此会产生挤出效应。同样，外商直接投资越多，本地市场竞争越激烈，因此对企业选址具有负向效应。

由于经济普查数据存在时间跨度，我们进一步计算了截至2013年各个城市的高铁开通时间。例如，北京2008年开通了高铁，那么2004年北京的高铁开通时间为0年，2008年北京的高铁开通时间为1年，2013年北京的高铁开通时间为6年，以此检验高铁开通时间对于城市企业数量的影响。模型（6）、（7）、（8）为高铁开通时间对企业数量影响的估计结果。当研究样本为全部城市和大城市时，高铁开通时间的系数显著为正，说明高铁开通时间对于企业选址具有正向影响。高铁开通时间越长，对城市企业数量的影响越大，对企业选址越具有吸引力，这也证明了高铁开通的时间累积效应。当研究样本为中小城市时，高铁开通时间的系数不显著。这说明对于中小城市来说，高铁开通对于企业选址具有显著影响，但高铁开通时间长短对企业区位选择没有显著影响。可能的原因是，中小城市开通高铁的时间普遍比大城市晚，因此在中小城市之间进行比较的时候，高铁开通时间所引起的影响差异没有表现出来。

高铁日运营频次能够准确反映城市高铁运营能力及服务能力，因此，我们进一步考察了高铁日运营频次对于城市企业数量的影响，并且将其作为高铁开通虚拟变量的稳健性检验。模型（9）、（10）、（11）是高铁日运营频次对城市企业数量影响的估计结果。实证结果显示，当研究样本为全部城市和大城市时，高铁日运营频次系数显著为正。这说明高铁日运营频次越高，对于城市企业数量的影响越大，城市对于企业越具有吸引力。高铁日运营频次越高，高铁的服务能力越强。人员的流动性加快，产生了更强的人口和产业分布效应。因此，高铁服务能力更强的城市对企业的吸引力也更大。当研究样本为中小城市时，估计结果不显著，说明对于中小城市来说，高铁日运营频次的差别对于城市企业数量的影响在统计学上不显著。可能的原因在于，上文中我们已经证明了开通高铁的城市比未开通高铁的城市更能吸引企业入驻，而中小城市高铁开通时间较短，高铁日运营频次与大城市相比较少，与同等规模城市相比差别不大，因此，以中小城市为研究样本时，高铁日运营频次对于城市企业数量的影响不显著。

5.2.2 高速铁路开通对分行业企业区位选择的影响

在高速铁路开通对城市企业总数量影响的基础上，我们进一步将企业按照行业代码分为六大类，分别探讨高速铁路开通对每一类行业企业的影响。在上文中，首先，我们进行了多重共线性检验，结果显示，各模型中的方差膨胀因子均小于5，因此不存在多重共线性问题；其次，由于回归数量较多，共包含54次模型回归，因此我们只汇报了主要解释变量的回归系数及t值；最后，因为经济普查数据中有的省份缺少行业分类，我们删除了没有进行准确分类的城市。回归结果共包括185个城市（含100个大城市和85个中小城市），具体见表5-4。

表5-4　　高速铁路开通对不同类型行业企业的影响

主要解释变量		农林牧渔业	工业制造业	生产性服务业	消费性服务业	流通性服务业	社会性服务业
HSR	全部城市	0.448***	−0.099	0.137***	0.101*	0.095**	−0.030
		（2.61）	（−1.48）	（3.33）	（1.84）	（2.13）	（−1.07）
	大城市	0.263	0.089	0.116**	0.127*	0.141**	0.005
		（1.12）	（1.22）	（2.10）	（1.71）	（2.46）	（0.12）
	中小城市	0.556**	−0.263*	0.088	0.030	−0.008	−0.052
		（2.08）	（−1.93）	（1.27）	（0.32）	（−0.10）	（−1.20）
time	全部城市	0.140***	−0.025	0.032***	0.012	0.023**	−0.002
		（3.08）	（−1.38）	（2.92）	（0.84）	（1.96）	（−0.24）
	大城市	0.116*	0.013	0.027**	0.011	0.028**	0.002
		（1.94）	（0.72）	（1.88）	（0.57）	（1.96）	（0.25）
	中小城市	0.102	−0.053	0.025	0.011	0.001	−0.003
		（1.27）	（−1.30）	（1.24）	（0.41）	（0.04）	（−0.21）
ln*fre*	全部城市	0.126***	−0.026*	0.028***	0.021	0.021**	−0.008
		（3.19）	（−1.68）	（2.94）	（1.62）	（2.11）	（−1.23）
	大城市	0.095*	0.014	0.020	0.021	0.028**	−0.003
		（1.80）	（0.85）	（1.57）	（1.31）	（2.16）	（−0.30）
	中小城市	0.141**	−0.067*	0.024	0.011	0.001	−0.010
		（2.03）	（−1.89）	（1.31）	（0.47）	（0.05）	（−0.92）

注：括号中为 t 值；*、**、***分别表示10%、5%和1%的显著性水平。

资料来源：由作者计算而成。

(1) 回归结果中第一列为高铁开通对农林牧渔业[①]企业数量的影响

首先，当研究样本为全部城市时，高速铁路的开通能够显著促进农林牧渔业企业数量的增加。当研究样本为中小城市时，回归系数显著为正。但是，当研究样本为大城市时，回归系数不显著。这说明高速铁路的开通能够促进中小城市农林牧渔业企业的发展，但是对于大城市农林牧渔业企业数量的影响不明显。农林牧渔业企业的选址主要依赖各城市农业经济的资源禀赋，因此高速铁路开通对于中小城市的正向影响更大。

其次，当主要解释变量为高铁开通年数时，大城市高铁开通时间越长，对于农林牧渔业企业数量的正向影响越大，因此可能存在时间累积效应。也就是说，大城市刚开通高铁时，可能对于农林牧渔业企业数量的影响是较小的，随着高铁开通时间的延长，高铁开通的作用开始显现。对于中小城市来说，高铁开通时间对于农林牧渔业企业数量的影响不明显，但这仅仅说明高铁开通1年和高铁开通6年对中小城市农林牧渔业企业数量的影响不显著，不代表长期内的影响也不显著。

最后，当主要解释变量为高铁日运营频次时，估计结果均显著为正，说明城市的高铁服务能力能够显著促进农林牧渔业企业数量的增加。高铁日运营频次越高，其对城市农林牧渔业企业数量的正向影响越大。

(2) 回归结果中第二列为高铁开通对工业制造业企业数量的影响

估计结果显示，只有当研究样本为中小城市时，高铁开通系数

① 经济普查数据中，农林牧渔业企业大多为与第一产业相关的服务业。

显著为负。这说明中小城市高速铁路的开通在一定程度上降低了城市工业制造业的企业数量。可能的原因有两点：首先，高铁的开通加速了工业制造业企业的转移。有的中小城市不足以支撑较多数量的工业制造业企业，当高铁开通后，周围的大城市对其产生了明显的“虹吸效应”，因此会有一部分工业制造业企业转移到大城市去。其次，由于存在溢出效应，工业制造业企业可能转移到周围未开通高铁的城市。高铁的开通导致劳动力成本提高，并且带动了土地价格的上涨，增加了生产费用。当高铁开通带来的运输成本的降低不足以弥补生产成本的增加时，工业制造业企业可能倾向于选址在周边生产成本较低的其他城市。另外，根据高铁日运营频次回归结果，高铁日运营频次越高，这种负向影响越大，说明中小城市高铁开通并不一定有利于城市产业的发展。

（3）回归结果中第三列为高铁开通对生产性服务业企业数量的影响

高铁开通虚拟变量、高铁开通年数和高铁日运营频次为主要解释变量时，回归系数的显著性高度一致，即当研究样本为全部城市和大城市时，回归系数显著为正。当研究样本为中小城市时，回归系数不显著。这说明高铁的开通显著促进了大城市生产性服务业的发展，能够有效地增加大城市生产性服务业企业的数量。高速铁路的开通加速了劳动力、资本和信息流动，大城市对劳动力的吸引力更大，因此有效地促进了生产性服务业的发展。此外，高铁开通年数也能强化这种正向效应。这说明高铁开通对于大城市生产性服务业来说，具有时间上的累积效应。高铁开通时间越长，大城市生产性服务业企业数量增加得越多。

（4）回归结果中第四列和第五列为高铁开通对消费性服务业和流通性服务业企业数量的影响

与生产性服务业的估计结果一样，高铁开通对大城市消费性服务业和流通性服务业的影响较大。但是，在消费性服务业的回归结果中，高铁开通年数和高铁日运营频次为主要解释变量时，大城市的回归系数不显著。这说明虽然城市开通高铁能够促进消费性服务业企业数量的增加，但是高铁开通时间长短、高铁服务能力强弱对于大城市消费性服务业企业数量的影响是没有显著差异的。高铁的开通对于大城市流通性服务业的影响较稳定，不管是高铁开通虚拟变量还是高铁开通年数与高铁日运营频次，均对大城市流通性服务业具有显著的正向影响，能够促进大城市流通性服务业的发展。

最后一列被解释变量为社会性服务业，估计结果均不显著。这可能与行业类别有关，社会性服务业主要包括科学研究和技术服务业、水利环境和公共设施管理业、教育卫生社会保障和社会福利业、公共管理和社会组织等，主要有城市的政府或管理部门，其部门设定和功能较为稳定，因而其受高铁开通的影响较小。

5.2.3 高速铁路开通对高铁站区企业区位选择的影响

我们进行了多重共线性检验，当主要解释变量为高铁开通、高铁开通时间和高铁日运营频次时，方差膨胀因子最大值依次为6.23、6.22和6.23，方差膨胀因子均值为3.49、3.48和3.49，说明不存在严重的多重共线性问题。被解释变量为高铁站区企业数量，控制变量为城市层面数据。由于存在一个城市有多个高铁站的情况，因此回归时在城市层面进行聚类。回归结果见表5-5。

表5-5　　高速铁路开通对高铁站区企业区位选择的影响

变量	(1) 企业数量	(2) 企业数量	(3) 企业数量
HSR	0.0883**		
	(2.07)		
time		0.0269***	
		(2.61)	
ln*fre*			0.0284**
			(2.34)
ln*Sala*	-0.363	-0.369	-0.353
	(-1.64)	(-1.65)	(-1.61)
ln*pop*	0.314	0.304	0.325*
	(1.58)	(1.54)	(1.68)
ln*FDI*	-0.0405***	-0.0393***	-0.0405***
	(-3.05)	(-2.99)	(-3.06)
ln*MAR*	-0.139	-0.123	-0.131
	(-1.00)	(-0.92)	(-0.96)
ln*Pexp*	0.558	0.571	0.596
	(0.94)	(0.97)	(0.99)
ln*mobi*	-0.0720	-0.0720	-0.0706
	(-1.44)	(-1.45)	(-1.40)
ln*stu*	-0.0530	-0.0494	-0.0515
	(-1.52)	(-1.45)	(-1.49)
Constant	11.68***	11.70***	11.46***
	(3.92)	(3.89)	(3.93)

续表

变量	(1) 企业数量	(2) 企业数量	(3) 企业数量
个体固定效应	Yes	Yes	Yes
时间固定效应	Yes	Yes	Yes
Observations	1 296	1 296	1 296
Number of groups	432	432	432
R-squared	0.307	0.309	0.309

注：括号中为 *t* 值；*、**、***分别表示10%、5%和1%的显著性水平。

资料来源：由作者计算而成。

我们先对研究样本进行说明。我们选取2003—2017年所有的高铁车站，因此，截至2013年仍未开通高铁的城市可以作为对照组。模型（1）是高铁开通变量为0-1虚拟变量时的回归结果，估计结果显示，高铁开通系数显著为正，说明高铁开通能够显著增加高铁站区企业的数量。模型（2）解释变量为高铁开通年数，其系数显著为正，说明高铁开通年数也能影响高铁站区的企业数量，并且高铁开通时间越长，对高铁站区企业数量的影响越大。模型（3）解释变量为高铁日运营频次，其系数显著为正，说明高铁日运营频次对高铁站区企业数量具有正向影响。高铁日运营频次代表高铁站的服务能力，因此亦说明高铁站服务能力越强，对高铁站区企业数量的影响越大。高铁站作为城市的门户，是城市中人流量最大的区域。流动人口的集聚直接带动了高铁站周边住宿、餐饮等第三产业的发展。高铁站区一般是城市未来发展的重点区域，也能吸引大量常住人口在高铁站区进行集聚，为各类产业的发展提供了丰富的劳动力。制造业企业为了节约运输成本及生产成本，亦倾向于选址在离高铁站较近的区域，因而高铁的开通能够有效地增加高铁站区的企业数量。随着时间的累加和高铁站服务能力的增强，高铁站会形成企业和劳动力集聚的时间累积效应，大大促进了高铁站区企业数量的增加。

5.3 高速铁路开通影响企业区位选择的中介效应检验

5.3.1 高速铁路开通对城市企业区位选择的影响机制检验

1）全部样本机制验证

根据上文DID模型基准回归结果，我们进一步考察了高铁开通对于企业区位选择的影响路径，就是高铁开通对于城市产业集聚的影响路径，为上文理论分析提供数据支撑。根据第3章中高速铁路开通对产业集聚的理论推导和影响机制分析，我们使用的两个中介变量分别为人力资本和市场规模。表5-6为全部样本下高速铁路开通对城市企业区位选择影响的中介效应检验。

表5-6 高铁开通影响企业区位选择的中介效应检验：全部样本

被解释变量	（1） 企业数量	（2） 人力资本	（3） 企业数量	（4） 市场规模	（5） 企业数量
HSR	0.174*** （4.23）	0.195*** （4.95）	0.076** （2.09）	0.812*** （21.88）	0.101** （1.96）
人力资本（*M*1）			0.499*** （15.76）		
市场规模（*M*2）					0.090** （2.36）
控制变量	Yes	Yes	Yes	Yes	Yes
可决系数	0.8264	0.8253	0.8660	0.7775	0.8276

续表

被解释变量	(1) 企业数量	(2) 人力资本	(3) 企业数量	(4) 市场规模	(5) 企业数量
样本量	849	849	849	849	849
Sobel检验			0.097*** (4.726)		0.073** (2.348)
间接效应			0.097*** (4.26)		0.073** (2.09)
直接效应			0.076** (1.83)		0.101* (1.90)

注：括号中为 t 值；*、**、***分别表示10%、5%和1%的显著性水平。

资料来源：由作者计算而成。

这里先采用逐步法对中介效应进行检验。第一步用高铁开通变量对城市企业数量进行回归，结果依然显著，表现出稳健性。第二步用高铁开通变量对两个中介变量进行回归，与预期相符，当两个中介变量为被解释变量时，高铁开通系数均显著为正。这说明中介效应通过了第二步检验，即高铁的开通显著地降低了运输成本，增加了城市的人力资本，并扩大了城市的市场规模。第三步以城市企业数量为被解释变量，同时将高铁开通变量与中介变量同时放入模型中进行检验。最后采用Sobel检验和Bootstrap方法对影响路径的直接效应和间接效应进行进一步验证。

第一，人力资本和高铁开通均通过了显著性检验，两个变量的系数均为正，说明城市高铁开通后，通过增加城市的劳动力数量促进了城市企业数量的增加。另外，模型（3）中高铁开通变量的系数大小与模型（1）相比有所下降，主要原因在于高铁开通促进了城市劳动力的集聚，形成了城市劳动力“蓄水池”，增加了城市对于企业的吸引力，从而促进了城市企业数量的增加。在控制了高速铁路开通后通过影响劳动力集聚促进产业发展的正向作用后，高铁开通的系数有了部分下降，说明人力资本在高铁开通影响城市企业数量的路径中表现为部分中介作用。我们进一步采用 Sobel 检验和 Bootstrap 方法进行中介效应的稳健性检验。结果显示，Sobel 检验结果显著为正，说明人力资本中介变量间接效应存在。同时，在采用 Bootstrap 方法对人力资本中介变量的间接效应和直接效应进行检验时，间接效应依然显著，直接效应亦显著，证明了该影响路径的稳健性，说明高速铁路开通后，通过提高城市人力资本水平促进了城市企业数量的增加，人力资本在此传导路径中起到部分中介作用。

第二，当市场规模为中介变量时，模型（4）中高铁开通与市场规模的系数均显著为正，说明高速铁路开通后，通过扩大城市市场规模促进了城市企业数量的增加，并且城市规模在此影响路径中发挥着部分中介作用。市场规模的扩大强化了城市自身与其他城市的经济联系，该城市中企业生产的产品能够更快地销售出去，从而促进了企业利润增加，该城市中企业利润增加对其他城市中的企业产生了较强的吸引力。新建企业更倾向于在市场规模较大的城市选址，促进了这些城市中企业数量的增加。

2）分样本机制验证

上文我们通过对全部样本的计量分析，证明了高速铁路开通通过增加城市人力资本、扩大城市市场规模促进了城市企业数量的增加。不同城市因为规模不同，其传导路径也存在差异。因此，我们根据规模对城市进行分类，以便进一步验证两条中介路径的存在。表 5-7 为大城市高铁开通影响企业区位选择的中介效应检验结果。

表5-7　**高铁开通影响企业区位选择的中介效应检验：大城市**

被解释变量	(1) 企业数量	(2) 人力资本	(3) 企业数量	(4) 市场规模	(5) 企业数量
HSR	0.185*** (3.50)	0.153*** (3.11)	0.097*** (12.79)	0.742*** (14.29)	0.105 (1.63)
人力资本（*M*1）			0.576*** (12.79)		
市场规模（*M*2）					0.108** (2.16)
控制变量	Yes	Yes	Yes	Yes	Yes
可决系数	0.8098	0.8363	0.8640	0.7843	0.8119
样本量	420	420	420	420	420
Sobel检验			0.088*** (3.024)		0.080** (2.134)
间接效应			0.088*** (3.07)		0.080** (1.99)
直接效应			0.097** (2.31)		0.105* (1.74)

注：括号中为t值；*、**、***分别表示10%、5%和1%的显著性水平。

资料来源：由作者计算而成。

第一，采用高铁开通变量对大城市企业数量进行回归，结果表明，高铁开通能够促进大城市企业数量的增加，因此可以进行中介效应检验。第二，用高铁开通变量对两个中介变量进行回归，估计结果均显著为正，说明高速铁路的开通促进了城市人力资本的增加，并且扩大了城市的市场规模。第三，将高铁开通变量和中介变量同时放入模型中进行检验，以证明中介效应的存在。

同全部样本中介效应检验结果相同，人力资本和市场规模作为高速铁路开通影响大城市企业数量的两个传导路径，实证结果显著为正，并且通过了Sobel检验和Bootstrap方法检验，说明高速铁路开通后，通过增加城市劳动力和扩大城市市场规模，增强了城市对企业的吸引力，促进了城市企业数量的增加。此外，采用Bootstrap方法检验直接效应和间接效应时，检验结果均显著为正，说明人力资本和城市规模在高速铁路开通促进城市企业数量增加的过程中，发挥了部分中介作用。

通过对高铁开通对大城市企业数量影响的路径分析，我们发现，高速铁路开通后，通过提高大城市人力资本水平和扩大城市市场规模促进了城市企业数量的增加。对比以大城市为研究样本的分析结论，我们进一步分析了以中小城市为研究样本时，高铁开通对城市企业数量的影响路径。表5-8为中小城市高铁开通影响企业区位选择的中介效应检验结果。

表5-8 **高铁开通影响企业区位选择的中介效应检验：中小城市**

被解释变量	(1) 企业数量	(2) 人力资本	(3) 企业数量	(4) 市场规模	(5) 企业数量
HSR	0.105* (1.77)	0.119** (2.08)	0.071 (1.24)	0.850*** (15.90)	0.086 (1.15)
人力资本（*M*1）			0.288*** (5.90)		
市场规模（*M*2）					0.022 (0.41)
控制变量	Yes	Yes	Yes	Yes	Yes
可决系数	0.7751	0.7161	0.7924	0.7396	0.7752

续表

被解释变量	(1) 企业数量	(2) 人力资本	(3) 企业数量	(4) 市场规模	(5) 企业数量
样本量	429	429	429	429	429
Sobel检验			0.034** (1.965)		0.019 (0.4058)
间接效应			0.034* (1.82)		0.019 (0.35)
直接效应			0.071 (0.92)		0.086 (0.80)

注：括号中为 t 值；*、**、***分别表示10%、5%和1%的显著性水平。

资料来源：由作者计算而成。

首先，模型（1）检验了高铁开通对中小城市企业数量的影响，实证结果显示，高铁开通变量系数显著为正，说明高速铁路的开通促进了中小城市企业数量的增加。

其次，当以中小城市为研究样本时，对高铁开通变量和中介变量关系进行检验，估计结果均显著为正。这说明高速铁路的开通同样促进了中小城市人力资本数量的增加并扩大了城市的市场规模。

最后，将高铁开通变量和中介变量同时加入模型中，以检验影响路径的存在。

中介效应检验结果发现，中介变量人力资本的系数显著为正，而市场规模没有通过显著性检验，说明高速铁路开通后，通过促进劳动力在中小城市集聚促进了中小城市企业数量的增加。另外，人力资本同样通过了Sobel检验和Bootstrap方法检验，证明了人力资本作为传导路径的稳健性。同时，模型（3）中高铁开通变量系数不显著，采用Bootstrap方法检验直接效应时，检验结果不显著。这说明中小城市人力资本作为传导路径，在高速铁路开通对城市企业数量的影响中发挥了完全中介作用。

5.3.2 高速铁路开通对不同类型行业企业区位选择的影响机制检验

1）高速铁路开通影响农林牧渔业企业区位选择的中介效应检验

根据第2节中分行业回归实证检验结果，高速铁路的开通显著地促进了城市农林牧渔业、生产性服务业、消费性服务业和流通性服务业企业数量的增加。当工业制造业企业数量和社会性服务业企业数量为被解释变量时，高铁开通变量的系数不显著，即主效应未通过显著性检验，停止中介效应检验。因此，在下文中，我们重点检验高铁开通对农林牧渔业、生产性服务业、消费性服务业和流通性服务业企业数量的影响路径。表5-9为高铁开通对农林牧渔业企业区位选择的中介效应检验结果。

第一步，模型（1）中高速铁路开通对农林牧渔业企业数量的回归系数显著为正，说明高速铁路的开通能够促进城市农林牧渔业企业数量的增加。另外，模型（1）中高铁开通系数显著，证明可继续进行中介效应分析。第二步，将高铁开通变量对人力资本和市场规模两个中介变量进行回归，回归系数均显著为正，说明高速铁路的开通显著地促进了城市人力资本的增加和城市市场规模的扩大。第三步，将高铁开通变量与中介变量同时放入回归模型中，检验高速铁路的开通是否通过这两条路径影响城市农林牧渔业企业数量的增加。模型（3）、（5）中三个变量的系数均显著为正，说明中介效应存在。同时，高铁开通变量系数也显著为正，说明两个中介变量在高速铁路开通促进农林牧渔业企业数量增加的影响路径中起着部分中介作用。Sobel检验结果和Bootstrap方法检验也得出此结论，证明结论的稳健性。我们证明了高速铁路开通后，通过促进城市人力资本集聚以及扩大市场规模两条路径促进了城市农林牧渔业企业数量的增加。

表5-9　**高铁开通对农林牧渔业企业区位选择的中介效应检验**

被解释变量	(1) 企业数量	(2) 人力资本	(3) 企业数量	(4) 市场规模	(5) 企业数量
HSR	1.885*** (6.69)	0.248*** (5.31)	1.506*** (5.39)	0.909*** (19.83)	1.385*** (3.76)
人力资本（*M*1）			1.531*** (6.12)		
市场规模（*M*2）					0.550** (2.10)
控制变量	Yes	Yes	Yes	Yes	Yes
可决系数	0.1555	0.8284	0.2098	0.8001	0.1622
样本量	555	555	555	555	555
Sobel检验			0.379*** (4.01)		0.500** (2.087)
间接效应			0.379*** (3.93)		0.500** (1.99)
直接效应			1.506*** (5.82)		1.385*** (3.47)

注：括号中为 t 值；*、**、***分别表示10%、5%和1%的显著性水平。

资料来源：由作者计算而成。

2）高速铁路开通影响服务业企业区位选择的中介效应检验

我们进一步检验高铁开通对生产性服务业、消费性服务业和流通性服务业影响的中介效应。在第2节的分样本回归中，高铁开通对这三类服务业的影响均显著为正，因此可继续进行中介效应分析。上文中也证明了高铁开通对人力资本和市场规模两个中介变量具有显著的正向影响，因此这里不再重复，仅进行中介效应检验的第三步，即将高铁开通变量和中介变量同时加入回归模型中。表5-10是高铁开通对服务业企业区位选择的中介效应检验结果。

表5-10　**高铁开通对服务业企业区位选择的中介效应检验**

被解释变量	生产性服务业		消费性服务业		流通性服务业	
	(1)	(2)	(3)	(4)	(5)	(6)
HSR	0.091* (1.94)	0.110 (1.64)	0.211** (2.31)	0.281** (2.21)	0.010 (0.17)	0.096 (1.07)
人力资本（*M*1）	0.521*** (12.45)		0.850*** (10.40)		0.806*** (15.38)	
市场规模（*M*2）		0.120** (2.51)		0.154* (1.70)		0.125** (1.96)
控制变量	Yes	Yes	Yes	Yes	Yes	Yes
可决系数	0.9044	0.8786	0.6334	0.5630	0.8555	0.7943
样本量	555	555	555	555	555	555
Sobel检验	0.129*** (4.883)	0.109** (2.486)	0.210*** (4.728)	0.140* (1.69)	0.200*** (5.018)	0.113* (1.948)
间接效应	0.129*** (4.79)	0.109** (2.00)	0.210*** (4.43)	0.140* (1.76)	0.200*** (5.15)	0.113* (1.82)
直接效应	0.091* (1.75)	0.110 (1.37)	0.211*** (2.85)	0.281** (2.55)	0.010 (0.18)	0.096 (1.13)

注：括号中为 t 值；*、**、***分别表示10%、5%和1%的显著性水平。

资料来源：由作者计算而成。

第一，当被解释变量为生产性服务业时，人力资本和市场规模的系数显著为正，说明高速铁路开通后，通过增加城市人力资本和扩大城市市场规模促进了城市生产性服务业的发展，对生产性服务业企业的区位选择更具吸引力。同时，模型（1）中高铁开通的系数显著为正，模型（2）中高铁开通变量系数不显著，说明人力资本在高铁开通影响生产性服务业企业数量增加的路径中起到部分中介作用。市场规模扩大作为中介变量，在此过程中起到完全中介作用。

第二，当被解释变量为消费性服务业时，人力资本和市场规模的系数显著为正，说明中介效应存在，高速铁路开通后，通过增加城市劳动力数量和扩大城市市场规模促进了城市消费性服务业的发展。同时，模型（3）和模型（4）中高铁开通的系数均显著为正，说明人力资本和市场规模作为中介变量，在此影响路径中发挥着部分中介作用。Sobel检验和Bootstrap方法检验均证明了此结论。

第三，当流通性服务业为被解释变量时，人力资本和市场规模的系数显著为正，说明人力资本的增加和市场规模的扩大促进了城市流通性服务业企业数量的增加。但是，模型（5）和模型（6）中高铁开通系数均不显著，说明人力资本和市场规模作为中介变量，在高速铁路开通影响城市流通性服务业企业数量的路径中，发挥着完全中介作用。高速铁路的开通促进了城市人力资本的增加和市场规模的扩大，进而促进了城市流通性服务业的发展，增加了城市流通性服务业企业的数量。

5.4 本章小结

大量高速铁路相关研究已经证明，高速铁路的开通能够影响产业的集聚，但是，由于缺乏微观数据的支撑，高速铁路的开通对于企业区位选择影响的研究还较少。本章从企业区位选择角度进行深入研究，以企业数量代表城市对于企业选址的吸引力，实证检验高速铁路开通对企业选址的影响。企业数量能够准确地反映产业的集聚水平与集聚特征，高速铁路开通后，通过加速人口流动和释放普通铁路资源降低了企业的生产成本与运输成本，使企业倾向于在能获得最大化利润的城市选址。本章采用微观经济普查数据，从城市和高铁站区两个层面检验了高速铁路开通对于企业选址的影响，并且在城市层面根据行业类型将企业进行分类，检验高铁开通对不同类型行业企业选址的影响，从而为高速铁路开通对产业专业化集聚和多样化集聚的影响奠定了研究基础。本章得到的主要结论如下：

第一，高速铁路的开通能够显著促进城市企业数量的增加，从而证明了开通高铁的城市比未开通高铁的城市对企业的选址更具吸引力，这种影响不论是对大城市还是对小城市均是显著的。此外，城市高铁开通年数以及高铁日运营频次亦能够影响企业的区位选择。高铁开通时间较长的城市对于企业的吸引力更大，而且高铁日运营频次更高的城市企业数量越多。但是，这种影响存在城市规模上的异质性，以大城市为研究样本时，高铁开通年数和高铁日运营频次对城市企业数量存在显著的正向影响；以中小城市为研究样本时，估计系数在统计学上并不显著。这说明大城市和中小城市高铁开通年数以及高铁日运营频次对企业区位选择的影响存在异质性。大城市企业数量不仅受高铁开通的影响，而且受高铁开通年数和高铁日运营频次的影响。对中小城市进行比较时，各城市高铁开通年数和高铁日运营频次的差异对城市企业的选址影响不大。运输成本是影响企业利润的重要因素，高速铁路的开通加快了人员的流动速度，增强了城市活力，并且释放了大量的普通列车资源，从而影响了企业的区位选择。

第二，本章进一步根据行业代码对企业类型进行分类，证明高铁开通对于不同类型行业企业选址的影响。结果发现，高铁的开通能够显著促进中小城市农林牧渔业企业数量的增加，并且减少了中小城市工业制造业企业的数量。高速铁路的开通对于服务业的影响较大，尤其是对大城市生产性服务业、消费性服务业和流通性服务业存在显著的正向影响，高铁的开通能够显著促进大城市生产性服务业、消费性服务业和流通性服务业企业数量的增加。这就证明了高铁的开通对于不同行业、不同规模城市存在异质性影响。在促进大城市服务业发展的同时，高铁的开通也可能对周边中小城市产生“虹吸效应”，抑制了中小城市的产业发展。

第三，本章从高铁站区层面证明了高铁开通对于企业区位选择的影响，与城市层面的结果一致，高铁的开通能够显著增加高铁站区企业的数量。另外，高铁开通时间越长，高铁站区对企业选址的吸引力越大，高铁站区企业数量越多。在高铁站区层面，高铁服务能力也成为影响企业区位选择的重要因素，高速铁路日运营频次越高，高铁开通对于企业的吸引力越大。高铁车站的修建为城市发展提供了动能，高铁站区成为城市发展的重要中心。高铁站区作为城市中人流量最大的区域，直接带动了周围住宿、餐饮等第三产业的发展。同时，制造业企业为了节约运输成本及生产成本，亦倾向于选址在离高铁车站较近的区域，因而高铁的开通能够有效地增加高铁站区的企业数量。

第四，根据上文中理论分析的结论，本章选取人力资本和市场规模两个中介变量，检验了高铁开通对于企业区位选择的影响路径。不论是全部样本回归还是分城市规模以及行业类型进行回归，均通过了中介效应检验，证明了人力资本和市场规模作为中介变量的稳健性。

高速铁路的开通促进了城市人力资本数量的增加、扩大了城市的市场规模，进而增加了城市各类企业的数量，促进了城市产业的发展。值得注意的是，克鲁格曼新经济地理学模型中并未考虑知识溢出的影响，他认为知识因素在企业互相学习的过程中不断发展变化，很难模型化。在第3章中，我们简要推导了产业内部的知识溢出和产业之间的知识溢出对于产业集聚的影响。实际上，产业内部知识溢出以及产业之间知识溢出的发生都是以专业化和多样化集聚为假设前提的。同时，由于知识溢出因素不可量化，因此在本章的影响机制检验过程中未考虑知识溢出这一中介变量。

本章并未采用空间计量方法进行检验的原因在于，本章的微观数据仅包含2003年、2008年和2013年的数据，时间截面较少，且与下文中高铁开通影响专业化和多样化检验模型中空间权重矩阵不吻合，因此本章未使用空间计量方法进行检验。另外，本章未使用企业层面数据计算城市产业专业化和多样化水平，主要原因在于企业的数量仅代表城市对于各类行业企业选址的吸引力和集聚力，并不能体现企业规模和城市的主导产业。此外，在经济普查数据中，各企业的就业人数统计存在较大误差，因此本章没有使用企业数量和人数计算产业专业化和多样化水平。本章从城市和高铁站区层面证明了高速铁路开通能够影响企业的区位选择，而且高铁开通对不同类型行业企业有不同的影响，农林牧渔业企业更倾向于选址在中小城市，而服务业企业更倾向于选址在大城市，这就证明了高速铁路开通的产业分布效应。高速铁路的开通有利于实现城市之间的产业分工，进而对城市产业专业化和多样化产生重要影响。在下文中，我们将使用城市各行业就业人数这一生产指标计算城市产业专业化和多样化水平，详细考察高铁开通对于城市产业专业化和多样化的直接效应和空间溢出效应。

6

高速铁路开通对城市专业化的影响

我们在第5章中证明了高速铁路开通后，通过影响企业的区位选择对产业分布产生了重要影响。另外，高速铁路作为一种大运量客运交通基础设施，通过促进城市人口增加和市场规模扩大影响城市产业的分布格局。高速铁路的开通促进了城市之间产业分工与协作，对城市产业专业化格局具有重要影响。本章将采用计量经济学方法实证检验高铁开通与城市产业专业化之间的因果关系。本章致力于解决以下三个问题：第一，高铁开通是否对城市产业专业化具有分布效应，即高铁开通是否促进了城市产业专业化发展？如果是，那么高铁开通对不同类型城市的产业专业化水平是否存在差异性影响？第二，如果高铁的开通对产业专业化水平具有显著的分布效应，那么高铁开通对城市产业专业化是否存在空间溢出效应？第三，根据空间分工理论，城市专业化不仅包含产业专业化，也包含职能专业化，本章将同时考察高速铁路开通对城市职能专业化的影响。通过对这三个问题的讨论，我们将深刻理解高铁开通对中国产业专业化格局所产生的重要影响。

6.1　研究设计与数据说明

6.1.1　模型设定

1）双重差分方法

我们在本章中提到的城市专业化分为两类，分别为产业专业化和职能专业化。同第5章中双重差分模型的设定一样，本章先采用DID模型检验高铁开通对于产业专业化和职能专业化的影响。模型设置如下：

$$\ln(Y_{it}) = \alpha + \beta HSR_{it} + \gamma X_{it} + \mu_i + \delta_t + \varepsilon_{it} \tag{6.1}$$

式中：Y_{it}表示被解释变量，在本章指城市i在t年的产业专业化指数（*speit*）和职能专业化指数（*funit*）。HSR_{it} 为交叉项虚拟变量。HSR_{it}=1，表示城市 i 在 t 年开通了高铁；否则，HSR_{it}=0。也就是说，HSR_{it} 在城市开通高铁之前全部为0，在高铁开通之后全部为1。在这种模型设置下，我们仅得到交叉项的估计系数。在本章中，β 为高铁开通对城市专业化影响的净效应，也是主要解释变量的估计系数。α 为常数项，δ_t 表示时间固定效应，μ_i 表示个体固定效应，ε_{it} 为随机扰动项，X_{it} 为相关控制变量。

本章采用DID模型检验高铁开通与城市专业化之间的因果效应。另外，我们将研究样本进行分类，检验高铁开通对于不同类型城市专业化影响的异质性，以此确定高铁开通对于城市专业化的分布效应。众多学者认为，交通基础设施具有显著的空间溢出效应（刘生龙和胡鞍钢，2010；张学良，2012；张茜和赵鑫，2018）。高速铁路作为一种城际交通基础设施，同样存在空间溢出效应。例如，某城市没有高铁站，但是相邻城市有高铁站，那么，该城市的居民可以通过去相邻城市乘坐高铁而享受高铁服务。双重差分方法无法解决空间自相关问题以及存在空间溢出效应的问题。因此，本章继续将DID模型与空间计量模型相结合。

2）空间计量模型

如果在回归过程中发生了因变量的空间自回归，DID模型的估计结果可能存在误差。空间计量模型广泛地运用于环境经济研究（Kim and Phipps，2003；Hosseini and Kaneko，2013；Fang et al.，2015）。交通基础设施对产业分布的影响分为直接效应和溢出效应，众多学者认为交通基础设施能够对周边城市产生空间溢出效应（张学良，2012；刘生龙和郑世林，2013）。我们尝试用空间计量方法检验高速铁路建设是否通过直接效应和空间溢出效应实现全国范围内的产业分布。空间计量模型设置如下：

$$Y_{it}=\rho\sum_{t=1}^{n}w_{it}Y_{it}+\beta_{i}X_{i}+\varepsilon_{it} \tag{6.2}$$

$$\varepsilon_{it}=\lambda\sum_{t=1}^{n}w_{it}\varepsilon_{it}+\mu_{i} \tag{6.3}$$

式中：i表示城市，t表示时间，X为控制变量。ε_{it}为随机扰动项，ρ为空间滞后系数，反映研究样本观测值的空间依赖性。λ是空间误差系数，反映误差结构中存在的空间相关性。当λ的值为0时，空间计量模型称为空间滞后模型（SLM）。当$\rho=0$时，空间计量模型称为空间误差模型（SEM）。空间滞后系数和空间误差系数反映邻近城市之间产业专业化和多样化的相互影响和作用，即产业分布的空间溢出效应。w_{ij}为空间权重矩阵w中的元素，反映城市之间的空间联系。

空间数据的处理为空间经济学的重点和难点。空间数据是指在原来横截面或面板数据的基础上，加上横截面的位置信息（或两个城市之间的关系信息）（王雨飞和倪鹏飞，2016）。因此，空间计量模型需要度量城市之间的空间距离，并将此权重矩阵纳入回归模型中。环境经济学进行空间计量时，通常使用邻接权重矩阵（Li et al.，2014）。在交通经济学的研究中，通常使用邻接矩阵，只是与现实情况有较大出入，因此经常用交通距离来度量。人们通常认为，城市之间的地理距离越近，两个城市之间的相关性越强；反之，城市之间的地理距离越远，两个城市之间的相关性越弱。地理距离权重矩阵w中的元素通常设置为：当$i\neq j$时，$w_{ij}=1/D_{ij}$；当$i=j$时，$w_{ij}=0$。D_{ij}为城市之间的地理距离，使用距离的倒数能够反映城市之间的相关性和地理距离的衰减关系。本章拟采用三种空间权重：未开通高铁前的时间距离、开通高铁后的时间距离和经济距离。

首先，采用莫兰指数（Moran's I）检验城市专业化的空间相关性。莫兰指数反映空间邻接或空间邻近的区域单元属性值的相似程度，其计算公式如下：

$$MI = \frac{n\sum_{i=1}^{n}\sum_{j=1}^{n}w_{ij}(x_i - \bar{x})(x_j - \bar{x})}{\sum_{i=1}^{n}\sum_{j=1}^{n}w_{ij}\sum_{i=1}^{n}(x_i - \bar{x})^2} = \frac{\sum_{i=1}^{n}\sum_{j=1}^{n}w_{ij}(x_i - \bar{x})(x_j - \bar{x})}{S^2\sum_{i=1}^{n}\sum_{j=1}^{n}w_{ij}} \tag{6.4}$$

式中：n表示城市个数；x_i和x_j分别代表城市i和城市j的产业专业化（多样化）指数；$S^2 = \frac{1}{n}\sum_{i=1}^{n}(x_i - \bar{x})^2$，是$x_i$或$x_j$的方差；$\bar{x} = \frac{1}{n}\sum_{i=1}^{n}x_i$，是$x_i$或$x_j$的平均值；$w_{ij}$为空间权重矩阵，表示城市$i$和城市$j$的邻近关系。莫兰指数在［-1，1］范围内取值，正数表示存在空间正相关性，负数表示存在空间负相关性。莫兰指数等于0，表示空间随机分布，即不存在空间相关性。

其次，通过拉格朗日乘子检验（LM检验）和稳健的拉格朗日乘子检验（Robust LM检验）来确定是采用空间滞后模型还是空间误差模型。进行LM检验后，我们并不能直接选择，还需要采用极大似然方法，得到似然比（likelihood ratio，LR）对假设进行检验。两个假设分别为：H_0：$\theta=0$和H_0：$\theta + \delta\beta = 0$。其中，H_0：$\theta=0$用来检验SDM是否可以简化为SLM，H_0：$\theta + \delta\beta = 0$用来检验SDM是否可以简化为SEM（马丽梅等，2016）。如果假设未被拒绝，则需参考上一步LM检验，选择最优模型；如果两个假设均被拒绝，则SDM最优。

3）空间双重差分方法

根据上文中双重差分方法与空间计量方法的设定，本章将DID模型和空间计量模型相结合，构建空间双重差分模型，检验我国高速铁路建设对城市专业化的直接效应和空间溢出效应。目前，SDID模型被越来越广泛地关注与使用（Dubé et al.，2014；Delgado and Florax，2015；Heckert，2015；André et al.，2016）。与DID模型相比，SDID

模型的优势是充分考虑了空间因素对于政策作用的影响。首先，通过检验确定是否存在空间溢出效应，而不是依赖未经检验的假设；其次，当存在空间溢出效应时，可将边际效应分解为直接效应和溢出效应，能更直观地反映高铁开通的影响。SDID模型设定如下：

$$\ln(Y_{it}) = \psi + \alpha\sum WY_{it} + \beta HSR_{it} + \gamma X_{it} + \delta_t + \mu_i + \varepsilon_{it} \quad (6.5)$$

式中：Y_{it}表示第i个城市第t期的产业专业化指数和职能专业化指数。HSR_{it}为组间虚拟变量，即双重差分交互项。HSR_{it}=1时为处理组，表示城市i在t年开通了高铁；HSR_{it}=0时为对照组，表示城市i在t年没有开通高铁。μ_i为个体固定效应，δ_t为时间固定效应。β为空间双重差分统计量，度量了高铁开通对于城市自身的直接效应。W为空间权重矩阵。WY_{it}包含HSR_{it}的内容，在估计模型中，估计结果也会给出高铁开通对于其他城市的空间溢出效应。因此，在回归结果中，需要注意直接效应和空间溢出效应的方向和显著性。ε_{it}为残差项，X_{it}为控制变量。

6.1.2 变量说明

第一，被解释变量。本章的被解释变量主要包括产业专业化指数和职能专业化指数。我们采用krugman专业化指数测度产业专业化水平，表示城市是否形成产业专业化部门。产业专业化指数越高，说明城市产业专业化水平越高，城市中存在具有优势的专业化部门。城市职能专业化水平用管理部门与生产部门的比值表示。若职能专业化指数大于1，越大表示城市越倾向于管理部门；若职能专业化指数趋向于0，表示城市在生产部门相对集中。

第二，解释变量。本章的主要解释变量为高铁开通变量（HSR），采用虚拟变量表示。若城市开通高铁，HSR=1；若城市未开通高铁，

则 HSR=0。

本章的控制变量与上一章中相同，包括经济因素（ln*Sala*）、城市规模（ln*pop*）、对外开放程度（ln*FDI*）、市场化程度（ln*MAR*）、政府行为（ln*Pexp*）、信息化水平（ln*mobi*）及文化因素（ln*stu*）。

第三，空间权重矩阵。本章的主要目的是采用空间计量方法检验高铁开通对于产业专业化的影响，我们运用三种权重矩阵检验高速铁路的空间溢出效应。影响城市之间联系的主要因素为通勤时间，而非直线距离，因此我们计算了高铁未开通时两两城市之间的最短通勤时间、高铁开通后两两城市之间的最短通勤时间以及城市之间的经济联系强度。通勤时间越短、城市之间的联系越紧密，城市之间的产业分工与联系越强。因此，W_1 和 W_2 取最短通勤时间的倒数。进行计量分析时，W_1、W_2 和 W_3 均取标准化后的形式。

6.1.3 数据来源

本章主要从生产方面对产业专业化进行度量，我们采用各行业就业人数进行专业化指标的计算。在被解释变量中，各行业就业人数来源于2004—2018年《中国城市统计年鉴》，因为从2003年以后，我国行业统计开始统一，共有19个行业。其中，第一产业包括农林牧渔业。第二产业包括四个行业：采矿业、制造业、电力热力燃气及水生产和供应业、建筑业。第三产业包括14个行业：批发和零售业、交通运输仓储和邮政业、住宿和餐饮业、信息传输计算机服务和软件业、金融业、房地产业、租赁和商业服务业、科学研究技术服务和地质勘查业、水利环境和公共设施管理业、居民服务和其他服务业、教育、卫生社会保障和社会福利业、文化体育娱乐业、公共管理和社会组织。

高速铁路变量是逐年查询每一年高铁开通线路得到的。在进行DID分析时，我们未将秦沈客运专线纳入研究范围。2003年，秦沈客运专线开通。本书未将其纳入研究样本的原因在于：首先，其速度较慢，涉及的城市较少，主要为特定时期服务；其次，使用2003年的数据不能很好地控制政策实施前的时间趋势。权重矩阵计算以2013年版《中国交通图》为底图，进行矢量化。2013年，中国普通铁路、高速公路和各级公路基础设施建设相对完善。高铁开通前和高铁开通后城市之间最短通勤时间能够准确地反映高速铁路开通对于可达性的影响。高铁数据根据高速铁路通车时间和速度逐年添加，高速铁路运营时速来源于国家铁路局网站。

控制变量数据来源于2004—2018年《中国城市统计年鉴》，缺失数据根据其他年鉴以及相应统计公报进行补充。城市规模同样根据国务院印发的《关于调整城市规模划分标准的通知》进行分类。表6-1为变量的描述性统计。

表6-1 **变量的描述性统计**

变量	指标说明	Obs	Mean	Std. Dev	Min	Max
ln*spe*	产业专业化指数的对数值	4 245	3.148	0.376	2.082	4.490
ln*fun*	职能专业化指数的对数值	4 245	3.982	0.876	0.336	6.957
HSR	高铁开通变量	4 245	0.231	0.422	0	1
ln*Sala*	人均工资的对数值	4 245	10.28	0.586	8.509	11.81
ln*pop*	年末人口数的对数值	4 245	5.859	0.692	2.795	8.129
ln*FDI*	外商直接投资的对数值	4 245	9.207	2.700	0	14.94
ln*MAR*	本地市场需求	4 245	3.751	0.732	1.212	6.134
ln*Pexp*	公共预算支出占GDP比重对数值	4 245	0.145	0.0725	0.0308	1.077
ln*mobi*	每万人移动电话数的对数值	4 245	8.600	0.812	4.974	11.53
ln*stu*	在校大学生数的对数值	4 245	10.22	1.455	5.442	13.88

资料来源：由作者计算而来。

6.2 高速铁路开通对城市产业专业化的影响

6.2.1 高速铁路开通对产业专业化的影响：DID分析

我们采用双重差分方法检验高速铁路开通对城市产业专业化的影响。表6-2显示了高速铁路开通对城市产业专业化影响的估计结果。模型（1）是283个城市全体样本的估计结果；模型（2）和模型（3）为将城市分样本后，以大城市和中小城市为研究样本时的估计结果。

表6-2 高速铁路开通对产业专业化的影响：DID分析

被解释变量	全体样本 （1）	大城市 （2）	中小城市 （3）
HSR	0.0204^{**}	0.0051	0.0252^{*}
	（2.11）	（0.39）	（1.71）
ln*Sala*	−0.0351	-0.159^{***}	0.0678^{*}
	（−1.23）	（−3.61）	（1.79）
ln*pop*	-0.355^{***}	-0.304^{***}	-0.484^{***}
	（−6.93）	（−4.59）	（−5.86）
ln*FDI*	−0.003	−0.0039	−0.002
	（−1.30）	（−0.91）	（−0.74）
ln*MAR*	−0.0402	−0.0600	−0.025
	（−1.14）	（−1.12）	（−0.54）
ln*Pexp*	0.264^{***}	0.177	0.342^{***}
	（3.01）	（1.20）	（3.05）

续表

被解释变量	全体样本 （1）	大城市 （2）	中小城市 （3）
ln*mobi*	-0.0078	-0.0616***	0.0316**
	（-0.66）	（-3.17）	（2.08）
ln*stu*	0.0045	0.0131	0.0028
	（0.53）	（0.84）	（0.27）
Constant	5.591***	6.911***	4.961***
	（12.81）	（10.58）	（8.06）
时间固定效应	Yes	Yes	Yes
个体固定效应	Yes	Yes	Yes
Observations	4 245	2 100	2 145
R-squared	0.096	0.106	0.111
Number of groups	283	140	143

注：括号中为 *t* 值；*、**、***分别表示10%、5%和1%的显著性水平。

资料来源：由作者计算而成。

首先，在全体样本中，高铁开通变量的系数显著为正，说明高速铁路的开通能够显著促进城市产业专业化的集聚。同时，城市规模变量的系数显著为负，说明城市规模与产业专业化水平呈现负相关关系。也就是说，城市规模越大，城市产业专业化水平越低。政府财政支出的系数显著为正，说明政府干预能够有效地提高城市产业专业化水平。

其次，删除中小城市样本以后，高铁开通变量的系数不显著，说明高铁开通对大城市产业专业化水平的影响在统计学上不显著，全体样本中的正向效应大多为中小城市的贡献。同样，城市规模的系数显著为负，因此，人口规模较大的城市可能不利于城市产业专业化发展。

最后，以中小城市为研究样本时，高铁开通变量的系数显著为正，说明对于中小城市来说，高铁开通能够有效地提高城市产业专业化水平。

此外，人均工资、政府支出和信息化水平的系数显著为正。这说明在中小城市中，人均工资水平越高，越有利于城市产业专业化发展。人均工资水平的提高也可以带动消费，从而产生乘数效应，促进城市企业规模的扩大。同理，政府支出的增加和信息化水平的提高也促进了城市产业专业化发展。与全体样本和大城市样本的估计结果相同，城市规模变量的系数显著为负，说明城市规模的扩大确实抑制了城市产业专业化发展。

根据上述估计结果，我们发现，高速铁路开通可能产生产业分布效应，对不同类型城市产业专业化的影响是不同的。因此，我们将进一步采用空间计量方法来验证高速铁路的产业分布效应，检验高速铁路的开通是否对城市产业专业化具有空间溢出效应。

6.2.2 高速铁路开通对产业专业化的空间溢出效应

1）城市产业专业化的空间溢出效应检验

（1）Moran's I检验

为了对城市产业专业化的空间溢出效应进行全面考察，首先，我们采用Moran's I对产业专业化的全域和局域空间相关性指数进行检验。为了对城市产业专业化的空间关联特征进行系统考察，我们构建了三种空间权重矩阵。第一类为交通距离矩阵 W_1，我们计算了高铁未开通时各个城市之间的最短通勤时间。其次，我们根据开通的高铁线路，在矢量化的交通路网中逐年加入高速铁路线路，计算了截至2017年高铁开通后各个城市之间的最短通勤时间，构建了交通距离权重矩阵 W_2。最后，产业与城市之间的经济联系息息相关，为了增强分析结果的稳健性，我们构建了经济距离权重矩阵 W_3，采用引力模型计算各个城市之间的经济联系强度。W_3既考虑了交通距离对于城市之间产业专业化的影响，也反映了经济因素对城市之间溢出效应的影响，因而能够更加全面、客观地体现城市之间的空间关联程度。各个年份的产业专业化莫兰指数见表6-3。全域空间相关性检验结果显示，在三种权重矩阵下，Moran's I大于0且均在1%的水平上显著，表明城市之间产业专业化呈现出高-高或低-低型集聚的空间正相关特征。另外，随着时间的推移，Moran's I和其显著性均有增加的趋势，说明随着交通基础设施的不断完善，城市之间的产业联系以及相互作用不断加强。

表6-3　　**产业专业化Moran's I汇总**

年份	无高铁最短通勤时间	有高铁最短通勤时间	经济距离权重矩阵	年份	无高铁最短通勤时间	有高铁最短通勤时间	经济距离权重矩阵
2003	0.022*** (4.466)	0.017*** (4.015)	0.057*** (2.574)	2011	0.039*** (7.333)	0.029*** (6.292)	0.088*** (3.893)
2004	0.024*** (4.826)	0.020*** (4.517)	0.075*** (3.354)	2012	0.041*** (7.800)	0.032*** (6.768)	0.096*** (4.257)
2005	0.028*** (5.469)	0.020*** (4.582)	0.073*** (3.265)	2013	0.039*** (7.453)	0.029*** (6.235)	0.079*** (3.537)
2006	0.027*** (5.385)	0.020*** (4.500)	0.066*** (2.982)	2014	0.051*** (9.503)	0.037*** (7.794)	0.114*** (5.015)
2007	0.027*** (5.365)	0.019*** (4.396)	0.068*** (3.051)	2015	0.050*** (9.314)	0.037*** (7.711)	0.112*** (4.918)
2008	0.027*** (5.283)	0.018*** (4.164)	0.052*** (2.361)	2016	0.045*** (8.508)	0.032*** (6.722)	0.094*** (4.154)

续表

年份	无高铁最短通勤时间	有高铁最短通勤时间	经济距离权重矩阵	年份	无高铁最短通勤时间	有高铁最短通勤时间	经济距离权重矩阵
2009	0.030*** (5.904)	0.021*** (4.778)	0.065*** (2.922)	2017	0.053*** (9.848)	0.036*** (7.495)	0.100*** (4.414)
2010	0.031*** (5.948)	0.022*** (4.929)	0.072*** (3.232)				

注：括号中为t值；*、**、***分别表示10%、5%和1%的显著性水平。

资料来源：由作者计算而成。

（2）模型选择检验

本章采用面板数据模型。采用面板数据模型进行空间计量通常包含三个常用模型：空间滞后模型、空间误差模型和空间杜宾模型（SDM）。首先，进行固定效应和随机效应模型选择。Hausman检验结果的统计量为186.16，且在1%的显著性水平下拒绝了空间效应与解释变量无关的原假设，因此选择固定效应模型。其次，在进行模型参数估计以前，我们需要确定采用空间滞后模型还是空间误差模型进行分析，因此需要进行LM检验。LM统计量更显著的模型就是我们在分析中所要采用的模型。当两种模型的LM统计量均显著时，我们需要计算稳健的LM统计量（LM-robust）来进一步确定。表6-4为LM统计量的估计结果。从LM检验结果中可以看出，空间误差模型显著地拒绝了原假设，而空间滞后模型并没有拒绝原假设，因此在本章的分析中，空间误差模型优于空间滞后模型。此时，我们并不能直接选择，还需要采用极大似然方法进行检验，得到似然比对假设进行检验。两个假设分别为：H_0：$\theta=0$和H_0：$\theta+\delta\beta=0$。其中，H_0：$\theta=0$用来检验SDM是否可以简化为SLM，H_0：$\theta+\delta\beta=0$用来检验SDM是否可以简化为SEM（马丽梅等，2016）。如果假设未被拒绝，则需参考上一步LM检验，选择最优模型；如果两个假设均被拒绝，则SDM最优。从LR检验结果可以看出，在三种空间权重矩阵下，LR统计量均在小于10%的水平上显著，拒绝了SDM可以简化为SEM和SLM的原假设，因此应采用空间杜宾模型。

表6-4　　城市产业专业化空间面板模型的LM检验

LM检验	权重矩阵：W_1		权重矩阵：W_2		权重矩：W_3	
	X2	P值	X2	P值	X2	P值
LM Error	419.8552	0.0000	310.4852	0.0000	49.0475	0.0000
LM Error （Robust）	419.6975	0.0000	310.4242	0.0000	48.9408	0.0000
LM Lag	0.2576	0.6118	0.1194	0.7296	0.1151	0.7344
LM Lag （Robust）	0.0999	0.7519	0.0585	0.8090	0.0084	0.9271
LM SAC （LM Err+LM Lag_R）	419.9551	0.0000	310.5436	0.0000	49.0559	0.0000
LM SAC （LM Lag+LM Err_R）	419.9551	0.0000	310.5436	0.0000	49.0559	0.0000
Likelihood-ratio test （SAR-SDM）	18.49	0.0178	14.92	0.0608	23.64	0.0026
Likelihood-ratio test （SEM-SDM）	17.21	0.0280	14.16	0.0776	22.49	0.0041

资料来源：由作者计算而成。

2）实证结果分析

我们根据上文中拉格朗日乘子检验和似然比检验结果，确定本章空间计量模型的具体形式。根据Hausman检验结果，采用双重固定效应的空间杜宾模型对高速铁路开通与产业专业化的空间溢出效应进行检验。另外，本章使用偏误修正的最大似然方法估计空间杜宾模型，以获得一致性的参数估计。我们采用三种空间权重进行估计，估计结果相同，证明了结果的稳健性。表6-5为分别为三种空间矩阵下产业专业化空间杜宾模型回归结果。

表6-5 **产业专业化空间杜宾模型回归结果**

变量	W_1		W_2		W_3	
	直接效应	溢出效应	直接效应	溢出效应	直接效应	溢出效应
HSR	0.0266***	-0.522*	0.0311***	-0.563**	0.0289***	-0.0687*
	(2.68)	(-1.75)	(2.94)	(-1.97)	(2.71)	(-1.79)
ln*Sala*	-0.0254	1.247*	-0.0329	1.014	-0.0288	0.016
	(-0.92)	(1.66)	(-1.20)	(1.41)	(-1.06)	(0.14)
ln*pop*	-0.359***	-0.439	-0.353***	-0.018	-0.329***	-0.205
	(-7.14)	(-0.42)	(-7.10)	(-0.02)	(-6.69)	(-1.10)
ln*FDI*	-0.002	-0.125	-0.0024	-0.181**	-0.0026	-0.0261**
	(-0.95)	(-1.59)	(-1.11)	(-2.06)	(-1.20)	(-2.05)
ln*MAR*	-0.0422	-1.220	-0.0395	0.115	-0.0366	0.238
	(-1.25)	(-1.04)	(-1.17)	(0.10)	(-1.10)	(1.53)
ln*Pexp*	0.278***	-5.318*	0.262***	-4.523	0.299***	-1.452**
	(3.25)	(-1.81)	(3.09)	(-1.41)	(3.55)	(-2.52)
ln*mobi*	-0.0023	-0.583	-0.0047	-0.312	0.0004	-0.0523
	(-0.19)	(-1.51)	(-0.39)	(-0.85)	(0.03)	(-1.06)
ln*stu*	0.0033	0.490	0.0020	0.151	0.0012	-0.065
	(0.42)	(1.54)	(0.25)	(0.48)	(0.16)	(-1.50)
Spatial_rho	0.611***		0.551***		0.292***	
	(7.51)		(5.88)		(8.36)	
Variance X2		0.0257***		0.0259***		0.0255***
		(45.96)		(46.01)		(45.91)
个体固定效应	Yes		Yes		Yes	
时间固定效应	Yes		Yes		Yes	
Observations	4 245		4 245		4 245	
R-squared	0.0466		0.157		0.116	
Number of groups	283		283		283	

注：括号中为 *t* 值；*、**、***分别表示10%、5%和1%的显著性水平。

资料来源：由作者计算而成。

Spatial_rho 系数显著为正，说明产业专业化存在显著的空间溢出效应，证明了本章采用空间计量方法的合理性。表6-5的回归结果显示，在三种权重矩阵下，高速铁路的开通对于产业专业化集聚的直接效应参数显著为正，与DID结果相同，但是间接效应参数为负。这说明高速铁路的开通在促进城市自身产业专业化集聚中发挥了显著作用，但是在空间中主要体现为产业专业化的极化而非扩散效应，从而削弱了专业化集聚外部性的空间溢出效应。可能的原因是：第一，高铁的开通显著地增强了城市自身的集聚能力，吸引了大量人口和企业进入。人口和企业数量的增多在城市内部产生拥挤效应，从而挤出了一些不具有优势的产业部门，结果就是形成了城市的优势产业及专业化部门。被挤出的产业只能迁移到其他城市，而这些产业不一定是其他城市的优势部门，因而对其他城市产生了负向溢出效应。第二，高速铁路的开通有效地扩大了城市的市场规模，在比较优势的作用下，也扩大了城市的产业规模并增加了城市的企业数量，从而促进了城市产业专业化发展。同时，高速铁路的开通也使得周围城市的市场份额降低，从而产生了负向溢出效应，导致周围城市产业专业化水平降低。

此外，政府支出对城市自身产业专业化集聚的直接效应显著为正，对其他城市产业专业化集聚的影响不显著。这说明政府干预在城市产业专业化发展中具有重要影响，能够有效地促进城市自身产业专业化发展。同时，城市规模的系数显著为负，说明城市规模抑制了城市自身产业专业化集聚水平。也就是说，人口规模越大的城市，其产业专业化水平越低。人口规模大的城市对于产业的承载力也大，可能形成多种产业共同发展的产业布局，从而降低了城市产业专业化指数。这也印证了上一节中DID模型分样本估计结果的结论。

6.3 高速铁路开通对城市职能专业化的影响

6.3.1 高速铁路开通对职能专业化的影响：DID分析

根据本章对实证模型的设定，本节同样采用DID方法检验高铁开通与城市职能专业化的因果效应，即高铁的开通是否会影响城市职能专业化的发展。与上文一致，我们将2008年及之后开通高铁的城市作为处理组，没有开通高铁的城市作为对照组。首先，对全体样本进行检验；其次，根据规模，将283个城市分成140个大城市和143个中小城市。由于高速铁路是逐年开通的，每个城市的政策实施时间是变化的，因此回归时加入城市和时间固定效应及控制变量，得到表6-6的实证结果。

表6-6 **高速铁路开通对城市职能专业化的影响**

被解释变量	(1)	(2)	(3)
	全体样本	大城市	中小城市
HSR	0.0317	0.109***	-0.0765*
	(1.13)	(2.81)	(-1.80)
ln*Sala*	0.014	0.145	-0.0464
	(0.16)	(1.11)	(-0.42)
ln*pop*	-0.071	-0.268	0.256
	(-0.47)	(-1.37)	(1.07)
ln*FDI*	0.012*	0.051***	-0.0003
	(1.81)	(4.07)	(-0.04)

续表

被解释变量	(1)	(2)	(3)
	全体样本	大城市	中小城市
ln*MAR*	0.0937	−0.025	0.171
	(0.91)	(−0.16)	(1.27)
ln*Pexp*	0.415	−0.572	0.964***
	(1.62)	(−1.30)	(2.98)
ln*mobi*	0.005	0.067	−0.0259
	(0.14)	(1.16)	(−0.59)
ln*stu*	0.007	−0.050	0.0364
	(0.26)	(−1.08)	(1.22)
Constant	3.83***	4.088**	2.319
	(3.01)	(2.11)	(1.30)
时间固定效应	Yes	Yes	Yes
个体固定效应	Yes	Yes	Yes
Observations	4 245	2 100	2 145
R-squared	0.011	0.030	0.018
Number of groups	283	140	143

注：括号中为 *t* 值；*、**、***分别表示10%、5%和1%的显著性水平。

资料来源：由作者计算而成。

当以283个城市为研究样本时，高铁开通对城市职能专业化影响的估计结果不显著。当以大城市为研究样本时，高铁开通的系数显著为正，说明高速铁路的开通能够有效地促进大城市管理职能的发挥。城市产业的发展有其自身规律，一般来说，随着城市规模的扩大，产业种类和数量会不断增加。另外，城市更倾向于发展服务业，第三产业占比增加，从而促进城市的产业结构升级。此时，城市的管理职能会得到加强。高铁的开通带来了人流和资金流的增加，扩大了城市规模，强化了大城市的管理职能。

将大城市样本删除，以中小城市为研究样本时，高铁开通的系数显著为负，说明高铁开通会导致中小城市职能专业化指数降低。城市职能专业化指数越小，城市生产职能越强。因此，以中小城市为研究样本时，高铁开通系数显著为负，说明高铁的开通抑制了中小城市管理职能的发挥，使中小城市向生产职能方向转化。

高速铁路对大城市和中小城市职能专业化的影响存在差异，可能的原因在于我国幅员辽阔，城市众多，各城市显现出不同的产业发展特征。大城市对于产业的承载能力比中小城市强，其劳动力资源、市场规模和信息化水平均优于中小城市，因此更有利于第三产业的发展，具有较强的城市管理职能。中小城市资源有限，更倾向于发展自身的优势产业。高速铁路的开通也可能形成城市之间产业的“虹吸效应”，大城市吸引了中小城市的非优势企业，而将生产部门转移到中小城市，进一步强化了大城市的管理职能和中小城市的生产职能。

6.3.2 高速铁路开通对职能专业化的空间溢出效应

1）城市职能专业化空间溢出效应检验

（1）Moran’s I检验

我们以全国283个城市为研究样本，以城市职能专业化指数作为观测值，分别计算了三种空间矩阵下2003—2017年的Moran’s I（见表6-7）。在三个权重矩阵下，各个年份的莫兰指数均通过了显著性检验，说明这些城市职能专业化具有显著的空间相关性。与产业专业化莫兰指数的变化趋势不同，城市职能专业化莫兰指数不断下降，空间集聚在总体上有所减弱。这说明城市职能专业化水平相似的城市在空间集聚的分布形态有所变化。

表 6-7　　城市职能专业化 Moran's I 汇总

年份	无高铁最短通勤时间	有高铁最短通勤时间	经济距离权重矩阵	年份	无高铁最短通勤时间	有高铁最短通勤时间	经济距离权重矩阵
2003	0.038*** (7.267)	0.030*** (6.413)	0.081*** (3.601)	2011年	0.019*** (3.993)	0.017*** (3.896)	0.056** (2.535)
2004	0.033*** (6.413)	0.029*** (6.235)	0.086*** (3.844)	2012年	0.016*** (3.349)	0.015*** (3.559)	0.058*** (2.644)
2005	0.028*** (5.566)	0.023*** (5.046)	0.066*** (2.971)	2013年	0.015*** (3.204)	0.012*** (2.986)	0.025 (1.239)
2006	0.027*** (5.392)	0.020*** (4.540)	0.047** (2.162)	2014年	0.014*** (3.144)	0.010** (2.536)	0.029 (1.398)
2007	0.028*** (5.548)	0.021*** (4.635)	0.043** (2.006)	2015年	0.017*** (3.599)	0.010*** (2.680)	0.033 (1.566)
2008	0.026*** (5.144)	0.021*** (4.641)	0.047** (2.178)	2016年	0.015*** (3.255)	0.010** (2.499)	0.026 (1.267)
2009	0.018*** (3.736)	0.014*** (3.353)	0.040* (1.884)	2017年	0.014*** (3.059)	0.006* (1.832)	-0.001 (0.105)
2010	0.016*** (3.480)	0.013*** (3.184)	0.040* (1.847)				

注：括号中为 t 值；*、**、***分别表示 10%、5% 和 1% 的显著性水平。

资料来源：由作者计算而成。

（2）模型选择检验

我们通过拉格朗日乘子检验和稳健的拉格朗日乘子检验来确定采用空间误差模型还是空间滞后模型。表6-8为三种空间权重矩阵的检验结果。LM检验和Robust-LM检验结果显示，空间误差模型通过了1%的显著性水平；而空间滞后模型的P值大于0.1，没有通过显著性检验。根据LM检验结果，应使用空间误差模型。我们进一步使用似然比检验，以确定空间杜宾模型是否可以简化为空间误差模型。结果显示，P值为0.0000，显著地拒绝了原假设，即空间杜宾模型不可以简化为空间误差模型和空间滞后模型，因此本节应该使用空间杜宾模型进行估计。

表6-8　　**城市职能专业化空间面板模型的LM检验**

LM检验	权重矩阵：W_1		权重矩阵：W_2		权重矩：W_3	
	X2	P值	X2	P值	X2	P值
LM Error	279.0310	0.0000	233.6142	0.0000	9.4230	0.0021
LM Error （Robust）	278.2318	0.0000	233.2880	0.0000	9.3541	0.0022
LM Lag	0.9096	0.3402	0.4505	0.5021	0.0800	0.7774
LM Lag （Robust）	0.1105	0.7396	0.1243	0.7244	0.0111	0.9161
LM SAC （LMErr + LMLag_R）	279.1415	0.0000	233.7385	0.0000	9.4340	0.0089
LM SAC （LMLag + LMErr_R）	279.1415	0.0000	233.7385	0.0000	9.4340	0.0089
Likelihood-ratio test （SAR-SDM）	95.15	0.0000	104.15	0.0000	51.63	0.0000
Likelihood-ratio test （SEM-SDM）	93.74	0.0000	103.52	0.0000	51.20	0.0000

资料来源：由作者计算而成。

2）实证结果分析

Hausman检验结果显示系数均为正，因此，使用固定效应进行参数估计比较合适，本节依然选择双向固定效应控制个体和时间的影响。表6-9为城市职能专业化空间杜宾模型回归结果。三种权重矩阵虽然揭示了城市之间的不同关系、表达了不同的含义，但是三种权重矩阵的转换并没有改变*HSR*变量的显著性和系数符号，说明高铁开通变量的空间溢出效应比较稳定。

表6-9　　**城市职能专业化空间杜宾模型回归结果**

变量	W_1		W_2		W_3	
	直接效应	溢出效应	直接效应	溢出效应	直接效应	溢出效应
HSR	0.105***	−3.061***	0.139***	−3.526***	0.107***	−0.411***
	（3.62）	（−3.91）	（4.49）	（−4.06）	（3.41）	（−3.99）
ln*Sala*	−0.0856	0.016	−0.0822	0.783	−0.056	0.512*
	（−1.07）	（1.51）	（−1.04）	（0.51）	（−0.71）	（1.73）
ln*pop*	0.094	−3.069	0.111	−3.784	0.022	−1.022**
	（0.65）	（−1.38）	（0.77）	（−1.58）	（0.15）	（−2.08）
ln*FDI*	0.007	−0.091	0.007	0.009	0.008	0.0014
	（1.13）	（−0.58）	（1.10）	（0.05）	（1.24）	（0.04）
ln*MAR*	0.0137	8.721***	0.039	9.631***	0.032	0.948**
	（0.14）	（2.76）	（0.40）	（2.84）	（0.34）	（2.31）
ln*Pexp*	0.440*	−13.21**	0.425*	−15.15**	0.492**	−3.339**
	（1.78）	（−2.18）	（1.73）	（−2.13）	（2.00）	（−2.19）
ln*mobi*	−0.046	2.274***	−0.0315	2.050**	−0.021	0.304**
	（−1.32）	（2.91）	（−0.90）	（2.46）	（−0.61）	（2.35）

续表

变量	W_1		W_2		W_3	
	直接效应	溢出效应	直接效应	溢出效应	直接效应	溢出效应
ln*stu*	-0.006	0.490	-0.008	0.251	0.011	0.110
	(-0.28)	(0.76)	(-0.34)	(0.36)	(0.50)	(0.98)
Spatial_rho	0.479***		0.430***		0.214***	
	(5.05)		(4.09)		(5.94)	
Variance X2		0.215***		0.216***		0.218***
		(46.01)		(46.02)		(45.98)
个体固定效应	Yes		Yes		Yes	
时间固定效应	Yes		Yes		Yes	
Observations	4 245		4 245		4 245	
R-squared	0.0002		0.0001		0.001	
Number of groups	283		283		283	

注：括号中为*t*值；*、**、***分别表示10%、5%和1%的显著性水平。

资料来源：由作者计算而成。

从估计结果来看，首先，*Spatial_rho*系数显著为正，说明城市职能专业化存在空间溢出效应，证明了本章采用空间计量方法的合理性。其次，*HSR*变量直接效应的系数显著为正，而间接效应的系数显著为负，表示高铁开通对城市自身职能专业化水平的提高具有显著的正向效应，对其他城市职能专业化水平的提高却存在负向效应，说明高速铁路的开通能够提高城市自身的职能专业化水平，但是抑制了其他城市职能专业化水平的提高。高速铁路的开通加快了劳动力和要素的转移，因此可能产生城市之间的“虹吸效应”，在加强城市自身对于管理人员吸引力的同时，将其他城市的管理人员也吸引到该城市，从而提高了城市自身的职能专业化水平，减少了其他城市的管理人员数量，强化了其他城市的生产职能。最后，本地市场需求对城市职能专业化具有正向的直接效应和负向的空间溢出效应，说明本地市场规模的扩大能够促进城市职能专业化的发展，却抑制了其他城市职能专业化水平的提高。

6.4 本章小结

大量研究已经揭示了交通基础设施的改善能够对劳动力、资本等经济要素产生空间分布效应，从而影响产业的空间分布，并且会因城市属性和规模的不同产生不均等的影响。高速铁路作为大运量客运交通基础设施，其与城市产业的发展特征和发展阶段密切相关。目前国内外关于高速铁路对产业集聚影响的文献不断增加，但是鲜有文献注意到高速铁路开通对城市产业专业化的影响。相比于笼统的产业集聚，产业专业化更能说明城市产业发展的结构特征，从而更有利于揭示高铁开通对于产业影响的空间分布效应。高速铁路的开通加快了人员、物资和信息的流动，使其在更广阔的空间范围内进行优化配置。一方面，高速铁路的开通强化了城市的集聚效应，促进了某些城市人口数量的增加和某些特定产业的发展；另一方面，人口规模扩大和优势产业的发展也可能产生拥挤效应，从而挤出其他产业。因此，高速铁路的开通能够对产业产生空间分布效应，进而影响城市产业专业化发展。我们曾在第5章使用微观经济普查数据证明了高速铁路开通对于企业区位选择的影响，为了更好地分析高铁开通对产业所产生的空间分布效应，本章分别采用双重差分方法和空间双重差分方法检验了高铁开通对于城市专业化的直接效应及空间分布效应。本章的主要结论如下：

第一，高速铁路的开通能够显著地促进城市产业专业化的发展，而且高铁的开通对不同规模城市产业专业化的影响不同。高铁开通对大城市产业专业化的影响不显著，但是能够显著促进中小城市产业专业化发展，说明高铁开通对产业专业化具有空间分布效应。在采用DID模型证明了高速铁路对不同规模城市产业专业化具有不同影响的基础上，本章进一步采用SDID模型检验了高速铁路开通对产业专业化的空间溢出效应。估计结果显示，高速铁路的开通对于产业专业化集聚的直接效应显著为正，空间溢出效应为负。这说明高速铁路的开通在促进城市自身产业专业化集聚中发挥了显著作用，但是在空间中主要体现为产业专业化的极化而非扩散效应，呈现出对其他城市产业专业化的负向空间溢出效应。

第二，城市的专业化不仅包括产业专业化，也包括城市职能专业化。城市职能专业化水平显示出城市是倾向于管理职能还是生产职能。本章进一步探讨了高速铁路开通对于城市职能专业化的影响。高速铁路对大城市和中小城市职能专业化的影响存在显著差异。高速铁路的开通对大城市职能专业化的影响显著为正，但是对中小城市职能专业化产生了显著的负向影响。这说明高铁的开通促进了大城市管理职能的提升，相比于未开通高铁的大城市，开通高铁的大城市管理职能水平更高。而对于中小城市来说，高铁开通后，城市职能专业化指数降低，说明高铁的开通抑制了中小城市管理职能的发挥，但是强化了中小城市的生产职能。本章进一步采用SDID模型检验了高铁开通对城市职能专业化的空间溢出效应。回归结果显示，*HSR*变量直接效应的系数显著为正，而空间溢出效应的系数显著为负，与城市产业专业化的结果一致。这说明高速铁路的开通能够提高城市自身的职能专业化水平，但是抑制了其他城市职能专业化水平的提高，在空间上呈现出极化的产业分布效应。

总之，高速铁路的开通能够影响城市产业专业化发展，在促进城市自身产业专业化发展的同时，对其他城市产业专业化具有显著的负向影响。此外，高铁开通对不同规模城市职能专业化有不同的影响，高速铁路的开通促进了大城市管理职能的提升和中小城市生产职能的提升。在探究高铁开通影响城市产业专业化的同时，我们将进一步探讨高速铁路开通对于城市多样化的影响。

7

高速铁路开通对城市多样化的影响

在第6章中，我们采用双重差分方法和空间双重差分方法检验了高速铁路开通对于城市产业专业化和职能专业化的影响，结论为高速铁路的开通能够显著影响城市产业专业化和职能专业化，并且对不同规模的城市发挥着不同的作用。高速铁路的开通对城市自身产业专业化具有正向直接效应，但是对其他城市的产业专业化会产生负向溢出效应。产业多样化和产业专业化作为城市产业集聚的两种表现形式，受高速铁路开通的影响可能存在差异。因此，本章继续探讨高速铁路的开通对于产业多样化集聚的影响。同第6章的计量策略相同，本章同样从两个方面展开研究：第一，高铁开通是否对城市产业多样化产生分布效应，即高铁开通是否促进了城市产业多样化发展，并且对不同类型城市的产业多样化是否存在差异性影响？如果高速铁路的开通对产业多样化具有分布效应，那么高铁开通对城市产业多样化是否存在空间溢出效应？第二，产业多样化又分为行业之间的相关多样化与无关多样化，高速铁路开通对于产业相关多样化与无关多样化存在怎样的影响？通过对这两个方面的讨论，我们可以深刻地理解高铁开通对我国产业多样化格局所产生的重要影响。

7.1 研究设计与数据说明

7.1.1 模型设定

1）双重差分方法

本章的模型设定与第6章的模型设定相同，我们采用双重差分方法检验高速铁路开通对于城市产业多样化的影响。模型设定如下：

$$\ln(Y_{it}) = \alpha + \beta HSR_{it} + \gamma X_{it} + \mu_i + \delta_t + \varepsilon_{it} \quad (7.1)$$

式中：被解释变量Y_{it}表示城市i在t年的产业多样化指数（$divit$）、

相关多样化指数（*rdivit*）和无关多样化指数（*udivit*）。HSR_{it}为主要解释变量，在本章中指高铁是否开通。$HSR_{it}=1$，表示城市i在t年开通了高铁；否则，$HSR_{it}=0$。β为高铁开通对城市产业多样化的净效应，也是主要解释变量的估计系数，因此，在模型估计中，重点关注β的符号与显著性。α为常数项，δ_t表示时间固定效应，μ_i表示个体固定效应，ε_{it}为随机扰动项，X_{it}为相关控制变量。

同第6章的分析一样，我们在采用DID模型检验高铁开通与城市产业多样化之间因果效应的基础上，将样本进行分类，检验高铁开通对于不同规模城市产业多样化影响的异质性，以此确定高铁开通对于城市产业多样化的分布效应。双重差分模型仅揭示高铁开通对于城市自身的影响，忽略了高铁开通对于其他城市产业多样化的溢出效应。因此，本章进一步采用空间双重差分模型检验高铁开通的空间溢出效应。

2）空间双重差分模型

首先，设定权重矩阵，本章中的权重矩阵与上一章中相同，采用三种反距离矩阵表示：未开通高铁前城市之间的时间距离、开通高铁后城市之间的时间距离和经济距离。

其次，采用Moran's I检验被解释变量之间的空间相关性。Moran's I反映空间邻接或空间邻近的区域单元属性值的相似程度。其计算公式如下：

$$MI=\frac{n\sum_{i=1}^{n}\sum_{j=1}^{n}w_{ij}(x_i-\bar{x})(x_j-\bar{x})}{\sum_{i=1}^{n}\sum_{j=1}^{n}w_{ij}\sum_{i=1}^{n}(x_i-\bar{x})^2}=\frac{\sum_{i=1}^{n}\sum_{j=1}^{n}w_{ij}(x_i-\bar{x})(x_j-\bar{x})}{S^2\sum_{i=1}^{n}\sum_{j=1}^{n}w_{ij}} \tag{7.2}$$

式中：n表示城市个数，x_i和x_j分别表示城市i和城市j的产业多样化、相关多样化和无关多样化指数，$S^2=\frac{1}{n}\sum_{i=1}^{n}(x_i-\bar{x})^2$是$x_i$（或

x_j）的方差，$\bar{x}=\frac{1}{n}\sum_{i=1}^{n}x_i$ 是 x_i（或 x_j）的平均值。w_{ij} 为空间权重矩阵，表示城市 i 和城市 j 的邻近关系。Moran's I在［-1，1］的范围内取值，正数表示存在空间正相关性，负数表示存在空间负相关性。当Moran's I等于0时，表示空间随机分布，即不存在空间上的相关性。

再次，通过拉格朗日乘子检验和稳健的拉格朗日乘子检验来确定是采用空间滞后模型还是空间误差模型。进行LM检验后，我们并不能直接进行选择，需要采用极大似然方法进行检验，得到似然比，以确定是采用空间杜宾模型、空间滞后模型还是空间误差模型。

最后，根据空间双重差分模型的设定，检验高速铁路开通对于城市产业多样化的直接效应和空间溢出效应。SDID模型设定如下：

$$\ln(Y_{it})=\psi+\alpha\sum WY_{it}+\beta HSR_{it}+\gamma X_{it}+\delta_t+\mu_i+\varepsilon_{it} \tag{7.3}$$

式中：Y_{it} 表示第 i 个城市 t 年的产业多样化指数（*divit*）、相关多样化指数（*rdivit*）和无关多样化指数（*udivit*）。HSR_{it} 为双重差分估计量。$HSR_{it}=1$ 时，表示城市 i 在 t 年开通了高铁；$HSR_{it}=0$ 时，表示城市 i 在 t 年没有开通高铁。μ_i 为个体固定效应，δ_t 为时间固定效应。β 为空间双重差分估计量，因为空间计量模型考虑了高铁开通变量与空间权重矩阵的交互项，因此本章重点关注高铁开通对于城市自身的直接效应和对其他城市的空间溢出效应。W 为空间权重矩阵，ε_{it} 为残差项，X_{it} 为控制变量。

7.1.2 变量说明

第一，被解释变量。本章被解释变量主要包括产业多样化指数（ln*div*）、相关多样化指数（ln*rdiv*）和无关多样化指数（ln*udiv*）。产业多样化水平采用香农指数公式计算，并将产业多样化分解为相关多样化和无关多样化。指数越大，城市产业多样化水平越高。

第二，解释变量。本章的主要解释变量为高铁是否开通（*HSR*），采用虚拟变量表示。当城市开通高铁时，*HSR*=1；当城市未开通高铁时，*HSR*=0。

本章的控制变量与第5章和第6章中相同，包括经济因素（ln*Sala*）、城市规模（ln*pop*）、对外开放程度（ln*FDI*）、市场化程度（ln*MAR*）、政府行为（ln*Pexp*）、信息化水平（ln*mobi*）及文化因素（ln*stu*）。

第三，空间权重矩阵。我们的主要目的是解释高铁开通对于产业分布的影响。采用空间计量方法检验高速铁路溢出效应的时候，我们计算了三种权重矩阵。影响城市之间联系的主要因素为通勤时间而非直线距离，因此我们计算了高铁未开通时两两城市之间的最短通勤时间、开通高铁后两两城市之间的最短通勤时间，以及采用引力模型计算的城市之间的经济联系强度。因此，W_1和W_2取最短通勤时间的倒数。进行计量回归时，W_1、W_2和W_3均取标准化后的形式。

7.1.3 数据来源

同第6章一样，我们采用各行业就业人数进行多样化指标的计算，被解释变量中各行业就业人数来源于2004—2018年《中国城市统计年鉴》，因为从2003年开始，我国行业统计开始统一，共有19个行业。根据行业之间的联系程度分为农林牧渔业、工业制造业、生产性服务业、消费性服务业、流通性服务业和社会性服务业六大类。我们对上述六大类进行相关多样化与无关多样化指标的计算。

高速铁路开通变量和权重矩阵的设置与第6章中相同，城市规模分类方法同样与上一章中一致。控制变量数据来源于2004—2018年《中国城市统计年鉴》，缺失数据根据其他年鉴以及相应的统计公报进行补充。表7-1为本章变量的描述性统计。

表7-1　　变量的描述性统计

变量	指标说明	Obs	Mean	Std.Dev	Min	Max
ln*div*	产业多样化指数的对数值	4 245	5.398	0.124	2.831	5.602
ln*rdiv*	相关多样化指数的对数值	4 245	4.803	0.134	2.625	5.144
ln*udiv*	无关多样化指数的对数值	4 245	4.588	0.183	1.149	4.847
HSR	高铁开通变量	4 245	0.231	0.422	0	1
ln*Sala*	人均工资的对数值	4 245	10.28	0.586	8.509	11.81
ln*pop*	年末人口数的对数值	4 245	5.859	0.692	2.795	8.129
ln*FDI*	外商直接投资的对数值	4 245	9.207	2.700	0	14.94
ln*MAR*	本地市场需求	4 245	3.751	0.732	1.212	6.134
ln*Pexp*	公共预算支出占GDP比重对数值	4 245	0.145	0.0725	0.0308	1.077
ln*mobi*	每万人移动电话数的对数值	4 245	8.600	0.812	4.974	11.53
ln*stu*	在校大学生数的对数值	4 245	10.22	1.455	5.442	13.88

资料来源：由作者计算而成。

7.2　高速铁路开通对产业多样化的影响

7.2.1　高速铁路开通对产业多样化的影响：DID分析

我们采用DID模型检验高铁开通对产业多样化的影响，模型具体设置与前一章相同。首先，采用全体样本进行估计；其次，将城市根据规模分为大城市和中小城市，考察高铁开通对不同规模城市产业多样化的影响。估计结果见表7-2。

表7-2　　**高速铁路开通对产业多样化的影响：DID模型**

被解释变量	全体样本	大城市	中小城市	特大城市[①]
HSR	-0.015***	0.0054	-0.030***	0.0226**
	(-3.99)	(1.18)	(-4.65)	(2.31)
ln*Sala*	0.0320***	0.116***	-0.0255	0.0425
	(2.81)	(7.57)	(-1.55)	(1.05)
ln*pop*	0.0215	0.0712***	-0.00279	0.136
	(1.05)	(3.10)	(-0.08)	(1.38)
ln*FDI*	0.0004	0.0011	0.00038	0.0222***
	(0.47)	(0.71)	(0.32)	(3.64)
ln*MAR*	0.00413	0.0160	-0.0035	-0.175**
	(0.29)	(0.86)	(-0.17)	(-2.24)
ln*Pexp*	0.0412	0.0152	0.006	-0.582**
	(1.18)	(0.30)	(0.13)	(-2.34)
ln*mobi*	0.0066	0.0282***	-0.009	0.0298**
	(1.40)	(4.19)	(-1.38)	(2.57)
ln*stu*	-0.0055	-0.0343***	0.005	0.0338
	(-1.63)	(-6.32)	(1.16)	(1.39)
Constant	4.970***	3.942***	5.700***	3.984***
	(28.56)	(17.39)	(21.35)	(4.55)
时间固定效应	Yes	Yes	Yes	Yes
个体固定效应	Yes	Yes	Yes	Yes
Observations	4 245	2 100	2 145	195
R-squared	0.025	0.102	0.028	0.360
Number of groups	283	140	143	13

注：括号中为*t*值；*、**、***分别表示10%、5%和1%的显著性水平。

资料来源：由作者计算而成。

① 根据国务院印发的《关于调整城市规模划分标准的通知》，城区人口大于500万小于1 000万的为特大城市，城区人口大于1 000万的为超大城市。本书中大城市和中小城市的划分依据数据选择的起始年份也就是2003年进行。但由于2003年城区人口超过500万人的城市数量很少，因此特大城市按2017年的城区人口划分，共包括北京、天津、沈阳、哈尔滨、上海、南京、杭州、武汉、广州、汕头、重庆、成都、西安13个城市。

可以看出，首先，以我国283个城市为研究样本时，高速铁路开通对城市产业多样化具有负向效应，说明高速铁路的开通抑制了城市产业多样化的发展。其次，以我国140个大城市为研究样本时，高铁开通变量的系数不显著，说明高铁开通对大城市产业多样化集聚的影响还未显现。最后，以中小城市为研究样本时，高速铁路的开通显著地抑制了产业多样化的发展。这说明中小城市在高铁开通后，可能并不适合产业多样化发展模式，或者说，中小城市并不能支撑产业多样化发展，因此，高铁的开通显著抑制了中小城市产业多样化发展。这也证明了在全体样本分析中，高铁开通对产业多样化影响的负向效应主要是由中小城市贡献的。与上一章中的计量结果相呼应，高速铁路的开通促进了中小城市产业专业化的发展。大城市可能更适合产业多样化发展，但是，由于产业结构的调整是一个长期的过程，因此，高铁开通的作用在较短的时间内尚未完全显现出来。中小城市由于资源禀赋和城市承载力等的制约，更适合产业专业化发展。

与上一章中产业专业化的估计结果对比，可以得出如下结论：中小城市更适合产业专业化发展，大城市更倾向于产业多样化发展。这种情况也是比较容易理解的，大城市的生产要素和承载力均优于中小城市，因此大城市能适应产业多样化发展趋势；而中小城市资源有限，因此更适宜专注优势产业的专业化发展。在高铁对大城市产业多样化水平影响的计量结果中，高铁开通变量并不显著，可能的原因在于：第一，产业结构的调整是一个长期的过程，高铁开通时间相对较短，因此，对于大城市产业多样化水平的影响还未完全显现出来。第二，我国大城市的平均规模与世界上大城市的平均规模相比，还是比较小的，因此，在大城市的发展过程中，其规模可能还不足以支撑城市产业多样化发展，因此估计结果不显著。第三，产业多样化集聚的溢出效应小于产业专业化集聚的溢出效应。高速铁路开通导致的大城市产业多样化集聚的竞争效应大于产业多样化之间的溢出效应，因此，高铁的开通抑制了产业多样化发展。

为了证明产业多样化发展的城市规模原因，我们缩小了大城市的研究样本。根据国务院印发的《关于调整城市规模划分标准的通知》，本章采用城区人口500万以上的特大城市为研究样本，检验高铁开通对于特大城市产业多样化的影响。实证结果显示，高铁开通系数显著为正，说明高速铁路的开通促进了特大城市产业多样化发展。这也证明了上文的结论，高速铁路的开通能够显著促进中小城市专业化发展，而规模大的城市更适合多样化发展。但是，我国目前城区人口500万以上、能被称为“特大城市”的城市数量还比较少，因此，少数特大城市可以实现城市产业多样化发展。

在控制变量中，人均工资水平的系数显著为正，说明人均工资水平能够显著地促进城市产业多样化发展。人均工资水平的提高能够吸引更多的劳动力，劳动力的增多也增加了对产品的消费需求，从而促进了城市产业多样化发展。在以大城市为研究样本时，城市人口规模的估计结果显著为正，说明对于大城市来说，人口规模越大，城市产业多样化发展水平越高。

7.2.2 高速铁路开通对产业多样化的空间溢出效应

1）城市产业多样化的空间溢出效应检验

（1）Moran's I检验

基于上文设定的三种空间权重矩阵，可以计算出城市产业多样化2003—2017年的莫兰指数，以反映城市产业多样化指数在全局范围内的空间自相关情况，结果见表7-3。总体来看，我国城市产业多样化存在显著的空间自相关性，表现出正向的空间集聚特征，证明了采用空间计量模型的必要性。尤其是城市产业多样化 Moran's I 在 2003—2017 年间，系数和显著性均有逐渐增加的趋势，说明我国城市产业多样化的空间联系越来越强。

表 7-3 **产业多样化 Moran's I 汇总**

时间	无高铁最短通勤时间	有高铁最短通勤时间	经济距离权重矩阵	时间	无高铁最短通勤时间	有高铁最短通勤时间	经济距离权重矩阵
2003 年	0.004 (1.351)	0.008** (2.301)	0.055*** (2.572)	2011 年	0.047*** (8.835)	0.039*** (8.155)	0.153*** (6.749)
2004 年	0.026*** (5.202)	0.027*** (5.848)	0.133*** (5.886)	2012 年	0.060*** (11.188)	0.049*** (10.192)	0.182*** (7.970)
2005 年	0.032*** (6.276)	0.029*** (6.384)	0.133*** (5.909)	2013 年	0.047*** (10.584)	0.032*** (8.037)	0.097*** (5.141)
2006 年	0.039*** (7.572)	0.035*** (7.493)	0.149*** (6.589)	2014 年	0.101*** (18.459)	0.072*** (14.657)	0.229*** (10.072)
2007 年	0.052*** (9.820)	0.044*** (9.225)	0.179*** (7.886)	2015 年	0.101*** (18.414)	0.072*** (14.671)	0.227*** (9.993)
2008 年	0.046*** (8.708)	0.039*** (8.152)	0.156*** (6.910)	2016 年	0.106*** (19.320)	0.076*** (15.391)	0.230*** (10.125)
2009 年	0.034*** (6.638)	0.030*** (6.504)	0.126*** (5.613)	2017 年	0.104*** (19.000)	0.074*** (14.976)	0.221*** (9.716)
2010 年	0.048*** (9.157)	0.040*** (8.422)	0.153*** (6.745)				

注：括号中为 t 值；*、**、***分别表示 10%、5% 和 1% 的显著性水平。

资料来源：由作者计算而成。

（2）模型的最优化选择

在进行计量回归之前，应该先选择最优的空间计量模型。本章采用Stata 16.0软件，通过LM检验和Robust-LM检验来选择最优的空间计量模型。LM检验的原假设是不存在空间滞后效应或空间误差效应，检验结果见表7-4。首先，进行Hausman检验，检验结果为正且P值为0.0000，因此采用包含时间和空间的双向固定效应进行估计。其次，LM检验和Robust-LM检验值为221.1641和221.1444，P值均为0.0000，均在1%的显著性水平上拒绝了原假设。最后，进行LR检验，LR检验的原假设是空间杜宾模型可以简化为空间误差模型。检验结果P值为0.0000，在1%的显著性水平上拒绝了原假设，因而空间杜宾模型不可以简化为空间误差模型，包含双向固定效应的空间杜宾模型才是最优模型。

表7-4　　**城市多样化空间面板模型的LM检验**

LM检验	权重矩阵：W_1		权重矩阵：W_2		权重矩：W_3	
	X2	P值	X2	P值	X2	P值
LM Error	221.1641	0.0000	113.3714	0.0000	5.5484	0.0185
LM Error （Robust）	221.1444	0.0000	113.3642	0.0000	5.5472	0.0185
LM Lag	0.0198	0.8881	0.0072	0.9325	0.0012	0.9727
LM Lag （Robust）	0.0000	0.9966	0.0000	0.9977	0.0000	0.9977
LM SAC （LMErr+LMLag_R）	221.1641	0.0000	113.3714	0.0000	5.5484	0.0624
LM SAC （LMLag+LMErr_R）	221.1641	0.0000	113.3714	0.0000	5.5484	0.0624
Likelihood-ratio test （SAR-SDM）	113.69	0.0000	98.42	0.0000	67.83	0.0000
Likelihood-ratio test （SEM-SDM）	114.25	0.0000	98.53	0.0000	67.25	0.0000

资料来源：由作者计算而成。

2）实证结果分析

本章采用三种空间权重矩阵估计了高铁开通对于城市产业多样化影响的直接效应与空间溢出效应，估计结果见表7-5。

表7-5　　　　**产业多样化空间杜宾模型回归结果**

变量	W_1		W_2		W_3	
	直接效应	溢出效应	直接效应	溢出效应	直接效应	溢出效应
HSR	-0.008^{**}	−0.0763	-0.008^{*}	−0.124	-0.015^{***}	0.0215
	(−2.14)	(−0.97)	(−1.80)	(−1.47)	(−3.62)	(1.52)
ln*Sala*	0.026^{**}	-0.433^{**}	0.0318^{***}	-0.575^{**}	0.0303^{***}	−0.0379
	(2.43)	(−1.97)	(2.94)	(−2.32)	(2.81)	(−0.93)
ln*pop*	0.0926^{***}	-2.064^{***}	0.083^{***}	-2.074^{***}	0.0587^{***}	-0.296^{***}
	(4.68)	(−4.61)	(4.21)	(−4.05)	(3.00)	(−4.36)
ln*FDI*	−0.00014	0.0115	0.0001	0.009	0.00016	−0.00257
	(−0.17)	(0.53)	(0.07)	(0.38)	(0.19)	(−0.55)
ln*MAR*	0.00441	0.783^{**}	0.00726	0.669	0.0028	0.0493
	(0.34)	(1.98)	(0.55)	(1.58)	(0.22)	(0.88)
ln*Pexp*	0.0067	1.444	0.0191	1.409	0.0243	0.619^{***}
	(0.20)	(1.59)	(0.57)	(1.26)	(0.72)	(2.85)
ln*mobi*	0.00004	0.342^{***}	0.0024	0.385^{***}	0.00149	0.064^{***}
	(0.01)	(3.15)	(0.49)	(2.98)	(0.31)	(3.59)
ln*stu*	−0.0047	0.036	-0.0055^{*}	−0.0626	−0.00345	0.0228
	(−1.52)	(0.40)	(−1.77)	(−0.62)	(−1.11)	(1.46)

续表

变量	W_1		W_2		W_3	
	直接效应	溢出效应	直接效应	溢出效应	直接效应	溢出效应
Spatial_rho	0.492***		0.465***		0.224***	
	(5.42)		(4.53)		(6.04)	
Variance X2		0.00397***		0.004***		0.00405***
		(46.00)		(46.00)		(45.94)
时间固定效应	Yes	Yes	Yes	Yes	Yes	Yes
个体固定效应	Yes	Yes	Yes	Yes	Yes	Yes
Observations	4 245		4 245		4 245	
R-squared	0.001		0.0001		0.004	
Number of groups	283		283		283	

注：括号中为 *t* 值；*、**、***分别表示10%、5%和1%的显著性水平。

资料来源：由作者计算而成。

回归结果显示，*HSR*的直接效应显著为负，间接效应不显著，说明高铁的开通不利于城市自身产业多样化发展，并且对于其他城市产业多样化的空间溢出效应不显著。这种现象可能与我国城市产业发展阶段有关。高速铁路建设通过降低运输成本，促进了国内消费市场的竞争。此外，高速铁路的开通能够影响城市的竞争力，对于不同规模的城市可能存在不同的影响，在上文的DID模型估计结果中我们得出此结论。大城市有多样化的运输方式以及更优越的交通区位，为商品流通提供了便利，高铁开通所释放的铁路资源更有利于当地货物通过铁路运输。但是，我国城市规模整体上可能并没有达到支撑产业多样化发展的阶段。有的城市规模较大，如北京、上海、广州、深圳等，但大部分城市的规模并未达到这样的阶段，产业多样化发展趋势并不明显。因此，从整体来看，高铁开通抑制了城市自身产业多样化发展，并且高铁开通对其他城市产业多样化的溢出效应并不明显。

7.3 高速铁路开通对相关和无关多样化的影响

7.3.1 高速铁路开通对相关和无关多样化的影响：DID分析

本节进一步将产业多样化分解为相关多样化与无关多样化，表7-6是高铁开通对产业相关多样化与无关多样化的影响。模型（1）和模型（4）为以全部城市为研究样本的估计结果，模型（2）和模型（5）为以140个大城市为研究样本的估计结果，模型（3）和模型（6）为以143个中小城市为研究样本的估计结果。估计结果显示，高铁开通对于产业相关多样化和无关多样化的影响高度类似。首先，以我国283个城市为研究对象，高铁的开通对于相关多样化与无关多样化的影响系数均显著为负，说明整体上高速铁路开通对产业相关多样化与无关多样化的影响是负向的，即高铁的开通抑制了城市相关多样化与无关多样化的发展。其次，以大城市为研究样本时，与上一节中产业多样化的研究结论一样，高铁开通的影响在统计学上不显著。以中小城市为研究样本时，高铁开通的系数显著为负，说明高铁的开通显著地抑制了中小城市产业相关多样化与无关多样化的发展。本节得出的结论与上一节中得出的结论一致，证明了研究结果的稳健性，即高铁的开通能够抑制中小城市产业多样化的发展，同样，也抑制了产业相关多样化与无关多样化的发展。

表7-6 **高速铁路开通对产业相关和无关多样化的影响：DID分析**

被解释变量	相关多样化			无关多样化		
	全体样本	大城市	中小城市	全体样本	大城市	中小城市
	(1)	(2)	(3)	(4)	(5)	(6)
HSR	-0.010**	0.005	-0.017***	-0.022***	0.007	-0.047***
	(-2.51)	(0.97)	(-2.75)	(-4.18)	(1.19)	(-5.03)
ln*Sala*	0.0179	0.087***	-0.035**	0.056***	0.161***	-0.009
	(1.49)	(4.83)	(-2.16)	(3.53)	(8.42)	(-0.35)
ln*pop*	0.052**	0.104***	0.024	-0.027	0.030	-0.059
	(2.42)	(3.86)	(0.67)	(-0.95)	(1.06)	(-1.12)
ln*FDI*	0.001	0.001	0.001	-0.001	0.0003	-0.0004
	(1.50)	(0.81)	(1.16)	(-0.53)	(0.16)	(-0.25)
ln*MAR*	0.0135	0.040*	-0.003	-0.013	-0.0148	-0.013
	(0.91)	(1.81)	(-0.13)	(-0.67)	(-0.64)	(-0.45)
ln*Pexp*	-0.008	0.021	-0.076	0.096**	0.011	0.0914
	(-0.23)	(0.35)	(-1.59)	(1.97)	(0.18)	(1.28)
ln*mobi*	0.001	0.023***	-0.016**	0.011*	0.032***	-0.004
	(0.11)	(2.94)	(-2.47)	(1.70)	(3.83)	(-0.42)
ln*stu*	-0.010***	-0.024***	-0.005	-0.0001	-0.052***	0.020***
	(-2.68)	(-3.76)	(-1.14)	(-0.01)	(-7.65)	(3.11)
Constant	4.416***	3.302***	5.217***	4.145***	3.175***	4.845***
	(24.11)	(12.39)	(19.88)	(17.16)	(11.23)	(12.39)
时间固定效应	Yes	Yes	Yes	Yes	Yes	Yes
个体固定效应	Yes	Yes	Yes	Yes	Yes	Yes
Observations	4 245	2 100	2 145	4 245	2 100	2 145
R-squared	0.113	0.178	0.093	0.050	0.103	0.069
Number of groups	283	140	143	283	140	143

注：括号中为 *t* 值；*、**、***分别表示10%、5%和1%的显著性水平。

资料来源：由作者计算而成。

7.3.2 高速铁路开通对相关与无关多样化的空间溢出效应

1）空间溢出效应检验

（1）Moran's I检验

根据上文设定的空间权重矩阵，我们计算了不同权重矩阵下相关多样化与无关多样化2003—2017年的莫兰指数，以反映相关多样化和无关多样化在全局范围内的空间自相关情况，计算结果见表7-7。结果显示，在三种空间权重矩阵的影响下，产业相关多样化和无关多样化存在显著的空间自相关性，并且表现出正向的空间集聚特征，表明了建立空间计量模型的必要性。尤其是相关多样化和无关多样化的莫兰指数在不同的空间权重矩阵下，随着时间的变化有逐渐增加的趋势。这说明城市之间产业相关多样化和无关多样化随时间变化，且空间自相关性有加强的趋势。

表7-7 **产业相关和无关多样化Moran's I汇总**

年份	相关多样化			无关多样化		
	无高铁最短通勤时间	有高铁最短通勤时间	经济距离权重矩阵	无高铁最短通勤时间	有高铁最短通勤时间	经济距离权重矩阵
2003	0.012*** （2.769）	0.009** （2.497）	0.033 （1.569）	0.033*** （6.541）	0.026*** （5.805）	0.104*** （4.770）
2004	0.016*** （3.348）	0.014*** （3.349）	0.052** （2.398）	0.059*** （11.076）	0.047*** （9.734）	0.191*** （8.377）
2005	0.017*** （3.603）	0.015*** （3.514）	0.060*** （2.721）	0.061*** （11.339）	0.046*** （9.649）	0.182*** （7.997）
2006	0.027*** （5.270）	0.022*** （4.817）	0.076*** （3.397）	0.070*** （12.885）	0.053*** （10.957）	0.198*** （8.680）

续表

年份	相关多样化			无关多样化		
	无高铁最短通勤时间	有高铁最短通勤时间	经济距离权重矩阵	无高铁最短通勤时间	有高铁最短通勤时间	经济距离权重矩阵
2007	0.033*** (6.455)	0.026*** (5.700)	0.086*** (3.833)	0.082*** (15.069)	0.062*** (12.630)	0.233*** (10.202)
2008	0.030*** (5.888)	0.022*** (4.899)	0.065*** (2.942)	0.085*** (15.493)	0.063*** (12.894)	0.237*** (10.352)
2009	0.020*** (4.122)	0.015*** (3.529)	0.040* (1.855)	0.080*** (14.753)	0.061*** (12.413)	0.222*** (9.740)
2010	0.034*** (6.525)	0.024*** (5.235)	0.056** (2.544)	0.090*** (16.434)	0.068*** (13.867)	0.254*** (11.090)
2011	0.032*** (6.272)	0.025*** (5.424)	0.076*** (3.420)	0.078*** (14.449)	0.060*** (12.226)	0.227*** (9.966)
2012	0.031*** (6.067)	0.023*** (5.163)	0.067*** (3.010)	0.101*** (18.282)	0.077*** (15.544)	0.288*** (12.519)
2013	0.027*** (5.863)	0.019*** (4.701)	0.051** (2.585)	0.062*** (13.594)	0.040*** (9.969)	0.126*** (6.657)
2014	0.062*** (11.455)	0.045*** (9.364)	0.126*** (5.546)	0.115*** (21.022)	0.078*** (15.967)	0.273*** (12.056)
2015	0.059*** (11.013)	0.043*** (8.888)	0.122*** (5.379)	0.110*** (20.184)	0.077*** (15.619)	0.262*** (11.531)
2016	0.064*** (11.761)	0.047*** (9.627)	0.129*** (5.696)	0.118*** (21.528)	0.082*** (16.690)	0.276*** (12.174)
2017	0.063*** (11.717)	0.045*** (9.256)	0.118*** (5.241)	0.116*** (21.159)	0.081*** (16.515)	0.274*** (12.072)

注：括号中为 t 值；*、**、***分别表示10%、5%和1%的显著性水平。

资料来源：由作者计算而成。

（2）模型的最优化选择

在进行模型的参数估计之前，我们对空间滞后模型、空间误差模型和空间杜宾模型的适应性进行选择。首先，进行LM检验和Robust-LM检验。LM检验的目的是确定空间误差模型还是空间滞后模型更为合适。由表7-8可以看出，在三种权重矩阵下，均是空间误差模型比较显著，因此空间误差模型更优。其次，采用似然比检验空间杜宾模型是否可以简化为空间误差模型，结果显示，P值为0.0000，因此，应采用空间杜宾模型进行估计。三种空间权重矩阵的检验结果类似，证明了结果的稳健性。因此，下文我们仅分析空间杜宾模型的估计结果。

表7-8　　**相关和无关多样化空间面板模型的LM检验**

LM检验	相关多样化			无关多样化		
	W_1	W_2	W_3	W_1	W_2	W_3
LM Error	809.1930 （0.0000）	707.7930 （0.0000）	34.0587 （0.0000）	307.7125 （0.0000）	156.2818 （0.0000）	5.1560 （0.0232）
LM Error（Robust）	809.0911 （0.0000）	707.7260 （0.0000）	34.0475 （0.0000）	307.6811 （0.0000）	156.2708 （0.0000）	5.1575 （0.0231）
LM Lag	0.1020 （0.7495）	0.0672 （0.7954）	0.0113 （0.9153）	0.0379 （0.8457）	0.0132 （0.9084）	0.0001 （0.9920）
LM Lag（Robust）	0.0001 （0.9933）	0.0002 （0.9898）	0.0001 （0.9908）	0.0065 （0.9360）	0.0023 （0.9616）	0.0016 （0.9679）
LM SAC（LMErr+LMLag_R）	809.1931 （0.0000）	707.7932 （0.0000）	34.0589 （0.0000）	307.7190 （0.0000）	156.2841 （0.0000）	5.1576 （0.0759）

续表

LM检验	相关多样化			无关多样化		
	W_1	W_2	W_3	W_1	W_2	W_3
LM SAC（LMLag+ LMErr_R）	809.1931 （0.0000）	707.7932 （0.0000）	34.0589 （0.0000）	307.7190 （0.0000）	156.2841 （0.0000）	5.1576 （0.0759）
Likelihood-ratio test （SAR-SDM）	87.36 （0.0000）	78.33 （0.0000）	21.78 （0.0053）	97.42 （0.0000）	85.64 （0.0000）	108.54 （0.0000）
Likelihood-ratio test （SEM-SDM）	83.65 （0.0000）	75.64 （0.0000）	19.59 （0.0120）	101.37 （0.0000）	87.75 （0.0000）	111.66 （0.0000）

资料来源：由作者计算而成。

2）实证结果分析

（1）产业相关多样化空间杜宾模型回归结果

根据上文中LM检验和LR检验的结果，高铁开通对产业相关多样化和无关多样化空间溢出效应的估计采用空间杜宾模型。我们对相关多样化的直接效应与溢出效应进行估计，Hausman检验结果大于0，因此使用双向固定效应进行回归。估计结果见表7-9。

表7-9 **相关多样化空间杜宾模型回归结果**

变量	W_1		W_2		W_3	
	直接效应	溢出效应	直接效应	溢出效应	直接效应	溢出效应
HSR	−0.0019	−0.180**	−0.0003	−0.249**	−0.009**	0.00317
	（−0.46）	（−2.17）	（−0.06）	（−2.53）	（−1.97）	（0.20）
ln*Sala*	0.0125	−0.105	0.0177	−0.313	0.0172	−0.0165
	（1.09）	（−0.50）	（1.55）	（−1.29）	（1.51）	（−0.36）
ln*pop*	0.110***	−1.822***	0.103***	−1.887***	0.0687***	−0.090
	（5.26）	（−4.43）	（4.94）	（−3.83）	（3.33）	（−1.19）

续表

变量	W_1		W_2		W_3	
	直接效应	溢出效应	直接效应	溢出效应	直接效应	溢出效应
ln*FDI*	0.0009	0.007	0.0011	−0.006	0.0013	−0.0056
	(1.05)	(0.34)	(1.25)	(−0.23)	(1.44)	(−1.07)
ln*MAR*	0.0098	0.611	0.0126	0.669	0.010	0.0666
	(0.71)	(1.59)	(0.90)	(1.51)	(0.72)	(1.06)
ln*Pexp*	−0.0277	0.0332	−0.021	−0.605	−0.0112	0.222
	(−0.78)	(0.04)	(−0.59)	(−0.57)	(−0.32)	(0.93)
ln*mobi*	−0.0048	0.157	−0.0028	0.260**	−0.0025	0.0502**
	(−0.94)	(1.58)	(−0.55)	(2.11)	(−0.49)	(2.52)
ln*stu*	−0.009***	0.183*	−0.010***	0.0955	−0.009***	0.0292*
	(−2.80)	(1.95)	(−3.05)	(0.89)	(−2.87)	(1.68)
Spatial_rho	0.461***		0.459***		0.269***	
	(4.79)		(4.39)		(7.41)	
Variance X2		0.004***		0.0045***		0.0045***
		(46.01)		(46.01)		(45.93)
时间固定效应	Yes		Yes		Yes	
个体固定效应	Yes		Yes		Yes	
Observations	4 245		4 245		4 245	
R-squared	0.007		0.002		0.023	
Number of groups	283		283		283	

注：括号中为 *t* 值；*、**、***分别表示10%、5%和1%的显著性水平。

资料来源：由作者计算而成。

表7-9是高铁开通对产业相关多样化溢出效应的估计结果。

Spatial_rho 的系数在1%的水平上显著为正，再次证明了城市产业相关多样化存在明显的空间集聚特征。在区域间产业要素转移以及产品贸易等社会经济活动的影响下，城市自身产业相关多样化水平和地理或经济地理上相近城市的产业相关多样化水平密切相关。通过回归结果可以看出，三种空间权重矩阵下的回归结果是不一致的，说明高速铁路开通对于城市产业相关多样化的影响不稳定。在两种时间距离权重矩阵（W_1和W_2）的回归结果中，高铁的开通对城市自身产业相关多样化的影响不显著，对其他城市产业相关多样化的影响显著为负，说明城市自身高速铁路的开通能够影响其他城市产业相关多样化的发展，且具有负向溢出效应，抑制了其他城市产业相关多样化发展。当以经济距离（W_3）作为权重矩阵时，高铁的开通对于城市自身产业多样化发展具有负向效应，对于其他城市产业多样化发展的影响不显著。因此，高速铁路的开通对城市产业相关多样化总体上具有负向影响。

（2）产业无关多样化空间杜宾模型回归结果

我们进一步采用空间双重差分模型检验高速铁路开通对产业无关多样化的直接效应与溢出效应。与上文中的实证策略相同，根据Hausman检验结果，我们选择双向固定效应进行回归。表7-10为高铁开通对城市产业无关多样化空间杜宾模型回归结果。

表7-10　　**无关多样化空间杜宾模型回归结果**

变量	W_1		W_2		W_3	
	直接效应	溢出效应	直接效应	溢出效应	直接效应	溢出效应
HSR	-0.0163^{***}	0.0714	-0.0165^{***}	0.0337	-0.023^{***}	0.0415^{**}
	(−3.00)	(0.57)	(−2.84)	(0.29)	(−3.95)	(2.23)
ln*Sala*	0.0507^{***}	-0.915^{**}	0.0572^{***}	-0.918^{**}	0.054^{***}	−0.060
	(3.36)	(−2.53)	(3.80)	(−2.55)	(3.60)	(−1.13)

续表

变量	W_1		W_2		W_3	
	直接效应	溢出效应	直接效应	溢出效应	直接效应	溢出效应
ln*pop*	0.0714***	-2.883***	0.0567**	-2.730***	0.0474*	-0.634***
	(2.59)	(-4.01)	(2.07)	(-3.75)	(1.74)	(-6.98)
ln*FDI*	-0.0013	0.0208	-0.0011	0.0330	-0.001	-0.0004
	(-1.12)	(0.61)	(-0.90)	(0.92)	(-0.90)	(-0.07)
ln*MAR*	-0.0048	1.01	-0.0028	0.546	-0.0099	0.0035
	(-0.26)	(1.64)	(-0.15)	(0.96)	(-0.54)	(0.05)
ln*Pexp*	0.041	3.927**	0.0605	4.418**	0.057	1.192***
	(0.87)	(2.43)	(1.29)	(2.38)	(1.21)	(4.16)
ln*mobi*	0.0039	0.544***	0.0064	0.454***	0.00408	0.067***
	(0.59)	(3.12)	(0.97)	(2.59)	(0.62)	(2.87)
ln*stu*	0.0018	-0.185	0.001	-0.266*	0.005	0.0172
	(0.41)	(-1.32)	(0.22)	(-1.78)	(1.16)	(0.84)
Spatial_rho	0.548***		0.475***		0.178***	
	(6.44)		(4.68)		(4.70)	
Variance X2		0.0077***		0.00778***		0.00775***
		(45.97)		(46.00)		(45.97)
Observations	4 245		4 245		4 245	
R-squared	0.0001		0.006		0.005	
Number of groups	283		283		283	

注：括号中为 *t* 值；*、**、***分别表示10%、5%和1%的显著性水平。

资料来源：由作者计算而成。

与产业相关多样化结论不同，高铁开通的直接效应系数显著为负，间接效应系数不显著。这说明高铁的开通显著地抑制了城市自身产业无关多样化发展，对其他城市产业无关多样化的影响在统计学上不显著。总结高铁开通对城市产业相关多样化与无关多样化的回归结果，可以发现，高铁开通对于产业相关多样化具有显著的负向溢出效应，对于产业无关多样化具有显著的负向直接效应，其总效果均为负，说明高铁开通对产业相关多样化和无关多样化的影响整体上是负向的。

另外，根据回归结果，城市人均工资水平和人口规模对产业无关多样化的直接影响是显著为正的，说明城市人均工资和人口规模能够显著地提升城市自身产业无关多样化水平。相反，城市人均工资水平和人口规模对于其他城市产业无关多样化发展具有显著的抑制作用。这可能是“虹吸效应”的作用结果。城市自身人均工资水平的提高和人口规模的扩大可能意味着其他城市相对人均工资水平的降低以及人口规模的缩小，因此抑制了其他城市的产业发展，从而产生了负向溢出效应。

7.4 本章小结

产业集聚不仅包括产业专业化集聚，也包括产业多样化集聚。大部分研究认为，产业多样化与产业专业化是对立关系。事实上，城市产业多样化的存在并不影响城市存在专业化部门。目前对于我国城市产业多样化的研究较少，可能有如下几方面原因：一方面，产业多样化发展对于城市的要求较高，要求城市具有较大的市场规模、丰裕的劳动力以及良好的产业基础等。我国城市目前还处于发展阶段，大部分城市可能尚未具有产业多样化发展的基础，因而无法承载产业多样化发展。另一方面，高速铁路的开通加速了要素的流动，降低了交易成本，因而企业更倾向于选址在生产成本较低的城市，因此抑制了城市多样化发展。本章检验了高速铁路开通对城市产业多样化的影响，并且将产业多样化分解为相关多样化与无关多样化，进一步检验了高速铁路开通对于产业相关多样化与无关多样化的影响。本章主要得出了以下结论：

第一，高速铁路的开通抑制了中小城市产业多样化发展。与上一章的结论相结合，可以发现，大城市更倾向于产业多样化发展，而中小城市更倾向于产业专业化发展。但是，目前我国城市还处于发展阶段，没有足够的能力支撑产业多样化发展，并且城市产业结构的转换需要较长的时间，因此，高铁开通对大城市产业多样化的作用尚未完全显现出来。我们采用空间计量方法进行了检验，结果发现，高速铁路开通对城市产业多样化的直接效应显著为负，间接效应不显著，说明从整体来看，高速铁路的开通抑制了城市自身产业多样化发展，并且高铁开通对其他城市产业多样化的溢出效应不明显。

第二，我们进一步将产业多样化分解为产业相关多样化与无关多样化，实证结果发现，高速铁路的开通对于中小城市产业相关多样化和无关多样化的影响是负向显著的，而对大城市的影响虽然为正，但是在统计学上不显著。这说明高铁的开通显著地抑制了中小城市产业相关多样化与无关多样化发展。我们采用了空间杜宾模型检验高速铁路开通对产业相关多样化与无关多样化的直接效应和溢出效应，结果发现，高铁开通对于产业相关多样化具有显著的负向溢出效应，对产业无关多样化具有显著的负向直接效应，就总效果而言为负。这说明高铁的开通对产业相关多样化和无关多样化的影响在整体上是负向的。

8

结论与启示

8.1 主要结论

我国幅员辽阔，人口众多，修建高速铁路这种大运量交通基础设施对我国具有重大的战略意义。首先，高速铁路的开通缩短了城市之间的通勤时间，产生了“时空收敛”效应，加快了人员的流动速度，能够促进劳动力等要素在更广阔的范围内优化配置。高铁的开通产生的要素分配效应直接影响了产业的空间分布。其次，高铁的开通提高了城市的可达性水平，扩大了企业的市场范围，同时也扩大了劳动力的来源范围，为企业带来了更多的消费者，节约了企业对劳动力的培训及搜寻成本。新经济地理学理论认为，交通成本、劳动力成本和市场规模等是影响企业区位选择的重要因素。企业一般会选址于生产成本最小化和利润最大化的区域，因此，不同类型行业企业对于高铁开通这一交通因素的反应是不同的。例如，商务服务业企业可能需要更多的面对面交流，因此对出行的需求更大，对高铁开通更为敏感。制造业企业更倾向于选址在生产费用较低的区域，因此更看重用于厂房建设的土地资源成本以及劳动力成本。高铁开通对不同类型行业企业产生的差异化影响使得城市的产业布局发生了改变，从而对城市产业专业化和多样化结构产生了影响。最后，高速铁路的开通强化了城市产业之间的分工与协作，能够在更广阔的区域内产生知识溢出效应，从而影响了城市产业专业化和多样化发展。

本书以高速铁路开通产生的产业分布效应为研究对象，以我国283个城市为研究样本，结合微观经济普查数据，从城市和高铁站区两个层面检验了高速铁路开通对企业区位选择的影响，证明了高速铁路开通所产生的产业分布效应。我们进一步细化研究内容，通过构建城市之间的通勤时间矩阵，采用双重差分方法以及空间双重差分方法量化高速铁路开通对城市产业专业化和多样化的直接影响及空间溢出效应，分析了高速铁路开通对城市产业结构影响的内在机理与理论机制。本书主要得到如下结论：

第一，量化了高速铁路开通产生的“时空收敛”效应。本书计算了未开通高铁时各个城市的可达性水平，然后补充高铁开通线路，计算高铁开通后城市的可达性水平，结果发现，可达性水平分布呈现出明显的中心-外围结构，高速铁路的开通明显提高了城市的可达性水平。高铁开通后，283个样本城市的可达性水平均具有不同程度的提高，证明了高速铁路的“时空收敛”效应，为高速铁路的产业分布效应提供了研究基础。我们进一步分析了城市产业专业化和多样化空间分布特征，结果发现，大城市倾向于功能的专业化而中小城市倾向于生产的专业化。另外，从整体来看，城市产业多样化指数有降低的趋势。通过总结城市高铁分布及高铁开通产生的“时空收敛”效应、产业专业化和多样化分布特征，本书证明了区域内存在一定的产业分工，为实证研究提供了现实基础。

第二，采用微观经济普查数据证明了高速铁路开通对于企业区位选择的影响，从微观层面证明了高铁开通的产业分布效应，为高铁开通对城市产业专业化和多样化影响的研究奠定了基础。首先，高速铁路的开通能够显著促进城市企业数量的增加，说明开通高铁的城市比未开通高铁的城市对企业更有吸引力，这种影响不论是对大城市还是对小城市均存在。高铁开通时间较长的城市对于企业的吸引力更大，而且高铁日运营频次更高的城市企业数量更多。高铁开通对于企业选址的影响在大城市中表现更为明显。其次，本书进一步根据行业代码对企业进行了分类，证明了高铁开通对于不同类型行业企业选址的影响。高铁的开通能够显著促进中小城市农林牧渔业企业数量的增加，并且减少了中小城市工业制造业企业的数量。高速铁路开通对于服务业的影响较大，能够显著促进大城市生产性服务业、消费性服务业和流通性服务业企业数量的增加。这也证明了高铁开通对于不同行业、不同规模城市存在异质性影响。在促进大城市服务业发展的同时，高铁开通也可能对周边中小城市产生“虹吸效应”，抑制中小城市产业发展。

第三，从高铁站区层面证明了高铁开通对于企业区位选择的影响。与城市层面的结论一致，高铁的开通能够显著增加高铁站区企业的数量。首先，高铁开通时间越长，高铁站区对企业选址的吸引力越大，高铁站区企业数量越多。其次，高铁站的高铁服务能力也成为影响企业区位选择的重要因素，高铁站高速列车日运营频次越高，对于企业的吸引力越大。最后，高速铁路开通后，通过提高城市人力资本水平，扩大了城市的市场规模，促进了城市企业数量的增加。这说明高铁的开通促进了城市劳动力“蓄水池”的形成，扩大了城市各产业的市场规模，从而促进了城市产业的集聚与发展。本书通过高速铁路开通对企业区位选择的影响证明了高速铁路开通的产业分布效应，高铁开通还能够强化城市之间的分工与协作。

第四，证明了高铁开通对城市产业专业化的直接正向影响和负向溢出效应。本书采用双重差分方法和空间双重差分方法检验了高速铁路开通对于产业专业化的影响。首先，DID估计结果显示，高速铁路开通对不同规模城市产业专业化具有不同的影响，从而证明了高速铁路开通的产业分布效应。本书进一步采用SDID方法证明了城市高速铁路开通后，在城市自身产业专业化集聚中发挥了显著的促进作用，但是在空间中主要体现为产业专业化的极化而非扩散效应，呈现出对其他城市产业专业化的负向溢出效应。其次，本书证明了高速铁路开通对于城市职能专业化的影响。DID估计结果显示，高速铁路的开通促进了大城市职能专业化的发展，却对中小城市职能专业化起到抑制作用。这说明高铁的开通提升了大城市的管理职能，而对于中小城市来说，高铁的开通抑制了中小城市管理职能的发挥，强化了中小城市的生产职能。本书进一步采用SDID检验了高铁开通对城市职能专业化的溢出效应，估计结果显示，高速铁路的开通能够强化城市自身的职能专业化水平，但是抑制了其他城市职能专业化水平的提高，在空间上呈现出极化的产业分布效应。

第五，揭示了高速铁路开通对城市产业多样化所产生的负向影响。我们检验了高速铁路开通对产业多样化的影响，DID结果显示，高速铁路的开通抑制了中小城市产业多样化发展。大城市更倾向于产业多样化发展，而中小城市更倾向于产业专业化发展。但是，目前我国城市还处于发展阶段，大部分城市没有能力支撑产业多样化发展。此外，城市产业结构的转换需要较长的时间，因此高铁开通对大城市产业多样化的作用尚未完全显现出来。空间计量结果也证明了从整体来看，高速铁路的开通抑制了城市自身产业多样化发展，并且对其他城市产业多样化的溢出效应并不明显。本书进一步根据行业特征将产业多样化分解为相关多样化和无关多样化进行验证，DID检验结果同样发现，高铁的开通显著地抑制了中小城市产业相关多样化与无关多样化的发展。对大城市的影响虽然为正，但是在统计学上不显著。本书采用空间杜宾模型检验了高速铁路开通对产业相关多样化与无关多样化的直接效应和溢出效应，结果发现，高铁开通对于产业相关多样化具有显著的负向溢出效应，对于产业无关多样化具有显著的负向直接效应，其总效果均为负，说明高铁的开通从整体上抑制了城市产业相关多样化和无关多样化的发展。

8.2 政策建议

1）合理规划高速铁路线路，优化高速铁路网络布局

高速铁路作为大运量客运交通基础设施，能够产生显著的空间溢出效应。例如，城市自身没有开通高速铁路，但是相邻城市开通了高速铁路，城市自身亦能受到高速铁路开通这一政策的影响。一方面，高速铁路开通可能产生正向的溢出效应，能够有效地强化区域一体化及城市之间的分工协作，实现共同发展；另一方面，高速铁路开通也可能产生负向的溢出效应，即加速城市极化发展的“虹吸效应”。由于高速铁路不能创造劳动力、资本等经济要素，只能将经济要素从一个地方转移到另一个地方，因此，开通高速铁路的城市可能吸收周围城市的经济要素，在促进城市自身发展的同时，抑制其他城市的发展。本书的实证结论也证明了高速铁路开通对于城市产业专业化的负向溢出效应。因此，政府在制定高速铁路线路规划时，应充分考虑高速铁路开通以及站点设立的溢出效应，发挥高速铁路产业分布效应优势，尽可能最小化高速铁路开通的极化效应，以免加剧城市之间发展不平衡。

2）根据城市特征调整产业策略

对于国家来说，在进行高速铁路建设时，不仅应该考虑高速铁路修建的线路走向，也应该充分考虑高铁开通对于不同城市所带来的异质性影响。各个城市处于不同的发展阶段，有不同的城市规模和资源禀赋，受高速铁路开通的影响也不同。例如，高速铁路开通对于大城市来说是发展机遇。高速铁路的开通加快了人员的流动速度，强化了大城市对于各类人才的吸引力。对于中小城市来说，高速铁路的开通带来的更多是挑战。高速铁路的开通不仅没能促进中小城市的发展，

反而造成了大量人才流失。同时，根据本书的结论，在中小城市，高速铁路的开通对于第一产业有显著影响，也加剧了第二产业企业数量的减少。因此，开通高速铁路的城市，尤其是中小城市的政府应根据高速铁路开通带来的影响做出准确判断，及时调整相应的产业发展策略，制定人才引进政策，避免高速铁路开通所带来的负面影响。对于大城市来说，当地政府也应具有长远眼光。本书结论显示，高速铁路的开通促进了第三产业企业数量的增加，即高速铁路的开通能够促进大城市第三产业的发展。大城市应该合理利用高速铁路开通所带来的区位优势，循序渐进地进行产业结构升级，优化城市产业结构，实现城市经济可持续发展。

3）强化城市之间的产业合作

我国城市经济如果片面追求“大而全”和“小而全”，而不考虑要素禀赋、区位特征和城市规模，试图追求产业多样化发展，很可能使地区产业结构严重趋同、城市之间缺乏良好的分工协作。自20世纪末以来，随着国内市场经济一体化的不断发展，为了实现地区经济的快速增长，不少城市又开始采取专业化发展模式，一些区域中心城市仿效美国硅谷和底特律的产业格局，试图打造“汽车之都”“药都”等专业化城市。这种盲目追求产业多样化或专业化的倾向不仅会大大降低资源配置效率，而且会影响经济的可持续发展（孙晓华和周玲玲，2013）。

首先，应强化区域内城市之间产业的分工协作。在高速铁路开通的大背景下，各个城市都应充分利用高速铁路开通所带来的机遇。地方政府应该正确地进行长远规划，引导产业专业化集聚的空间布局，使区域分工与协作更加合理；在区域范围内形成大城市以服务业专业化为中心、中小城市以制造业专业化集聚为外围的产业空间布局，充分发挥区域合作和专业化集聚所带来的正向推动作用，实现产业结构升级。此外，地方政府不能盲目追求产业专业化或多样化，而应根据城市自身特征进行相应的产业结构布局，以实现经济可持续发展为最终目标。

其次，应重视产业关联及知识溢出。在上下游产业关联的视角下，要强化第三产业与第二产业的良性互动。很多第三产业部门为制造业服务，服务业的发展有利于提高制造业的生产效率。因此，在区域层面，不仅应注重城市之间的产业合作，也应根据各城市的资源优势，在区域内部鼓励关联性较强的服务业和制造业共同集聚，在区域之间引导服务业发达的省区市将非优势产业循序渐进地向其他省区市进行转移，发挥空间溢出效应和辐射效应。

4）合理利用高速铁路开通所带来的资源和区位优势

首先，本书结论认为，高速铁路开通所带来的人力资本的增加能够促进产业的集聚。高速铁路的开通加速了人员的流动，政府应适当引导人员流动方向，促进区域间人力资本的交流与合作，为中小城市人力资本的增加提供良好的发展环境与生活保障，进而促进城市产业的发展。在加快人力资本流动速度时，要注意不同类型人才的区域分布。一方面，应加大中小城市的教育投入，注重高端人才的培养，推动中小城市人力资本水平的提升；另一方面，也应为中小城市人才引进创造良好的条件，加强对人力资本的吸收和培养，支持地方产业的发展。

其次，高速铁路的开通扩大了服务业的市场规模，有效地促进了地方产业的发展。产品的需求一般包括本地市场需求及其他区域的市场需求，二者相加构成了产品的市场规模。第一，应发挥城市的本地市场效应。一般来说，本地市场对于产业的影响大于外部市场，因此，应充分发挥高速铁路开通所导致的本地市场效应，使城市的生产模式由要素主导逐渐转变为市场主导，发挥市场优势和竞争优势，扩大优势产业规模。第二，应扩大优势产业的外部市场。城市的非优势产业应循序渐进地进行转移，重点提高优势产业的竞争力，实现城市产业专业化发展。同时，应强化与其他区域的联系，为产业转移与区域间合作奠定坚实的基础。通过产业转移与区域间合作，逐步形成区域统一的大市场，从而实现区域内协调发展、区域间合作共赢。第三，应建立公平的价格机制，培育良好的市场竞争环境，打破市场分割，消除贸易壁垒。产品的需求与价格是负相关关系，产品价格升高会抑制人们对产品的需求，不公平的价格体系可能造成市场分割，影响统一大市场的形成。因此，应尽力消除贸易壁垒，培育公平的市场环境，实现要素的合理流动，共享信息和资源，不断扩大产品的市场规模。

8.3 研究启示

本书采用微观与中观数据相结合的方法，证明了高速铁路开通所导致的产业分布效应。本书理论分析证明，高速铁路开通后，通过降低运输成本、加速人口流动和扩大市场规模，促进了产业集聚。另外，高速铁路的开通加快了经济要素的流动速度，强化了企业之间的交流与合作，从而促进了城市产业的发展，并产生了空间溢出效应。根据本书的结论，我们得到如下研究启示：

1）重视高速铁路经济研究中的空间效应，加强高速铁路研究与空间经济学的结合

高速铁路作为一种大运量客运交通基础设施，主要强化了城际联系与区域之间的联系，因此必然产生空间溢出效应。一方面，一个地区的经济活动会直接或间接地影响其他地区的经济行为，高速铁路开通后，这种影响得以强化。例如，高速铁路只能转移经济要素而不会

产生经济要素，高速铁路的开通加快了经济要素的流动速度，可能导致大城市对中小城市产生“虹吸效应”，以牺牲周边城市的发展为代价促进大城市经济增长。同时，高速铁路的开通也可能对周围城市产生正向效应，由于大城市集聚效应与拥挤效应的存在，可能向周围城市发生经济要素或产业转移。另一方面，不同规模的城市受到高铁开通的影响可能不同。例如，两个相邻的城市都开通了高速铁路，一个是大城市，另一个是小城市。为了有更好的生活质量及发展前途，原来住在小城市的人可能选择在大城市工作，从而促进了大城市产业的发展。此外，我国东部和西部、南部和北部也存在不同的生活方式和生产方式，它们受到高速铁路开通影响的大小也会存在差异。目前，在高速铁路经济研究中，对于空间效应的研究还有所欠缺，因此，在将来的研究中，应该更重视高速铁路所导致的不同空间区域的依赖性以及空间上的异质性。

2）深入进行城市内部产业结构研究，细化研究问题

产业集聚问题一直以来都是经济学研究的热点问题，理论研究和实证研究均很丰富，但是，对于城市内部产业集聚特征的讨论较少，这主要是因为部分数据难以获得，要深入城市内部研究产业特征，就需要更加精细的数据。目前我国采用的经济普查方法细化了对各城市企业的统计，但是，由于经济普查需要花费大量的人力、物力、财力，因此经济普查的频率较低，且数据并不是完全公开的。很多学者无法获得进行研究所必需的数据，因此对于城市产业集聚特征的深入研究较少。学者们应继续深入研究更小尺度内产业集聚特征问题，充分考虑各产业之间的关联性和互补性，使城市产业结构、国家层面的产业布局更加合理，为经济的可持续发展提供理论基础。

8.4 本书存在不足及未来研究进展

第一，本书推导了高速铁路开通对于城市产业集聚的影响机理，并且解释了高速铁路开通对于产业专业化和多样化影响的理论机制，但是，没有细化高速铁路开通对于产业专业化和多样化影响的理论推导。产业专业化集聚和多样化集聚作为城市产业集聚的两个结构特征，对于城市特征具有较高的依赖性，而理论推导的前提是假设各个区域在初期均具有相同的人力资本、资源禀赋等，因此，无法在理论模型中将城市特征进行具体的衡量。同时，产业之间亦存在产业依赖与产业互补，而这些均无法模型化。因此，本书仅推导了高速铁路开通对于城市产业集聚的影响，而没有细化高速铁路开通对产业专业化和多样化的理论推导。

第二，微观数据只考虑了企业数量，而没有考虑企业规模。本书用3个年份的经济普查数据，探讨了高速铁路开通对城市企业数量的影响，并没有考虑各个企业的规模。有的企业规模很大，仅一个企业就可以说明一个城市该行业的发展程度。企业数量仅代表了企业的选址倾向，而不能有效地说明该行业在城市是否呈现出专业化发展趋势。这主要是由经济普查数据决定的。虽然经济普查中存在城市规模这一调查项，但很多企业并没有如实填写，企业职工数量的统计质量欠佳。因此，本书没有考虑企业规模，也没有用经济普查数据计算城市专业化和多样化。

第三，本书进行了高速铁路开通影响城市企业区位选择的机制检验，但未进行高速铁路开通对产业专业化和多样化影响的中介效应检验。城市产业专业化和多样化是产业集聚的两种表现形式，是产业集聚的内部结构特征。根据本书第3章中高速铁路开通对于产业专业化和多样化影响机制的分析，高速铁路的开通能够促进中小城市产业专业化的发展和大城市产业多样化的发展，第6章和第7章的实证检验证明了该结论。这说明高速铁路开通对于产业专业化和多样化的影响方向不同，对不同规模城市产业专业化和多样化的影响存在异质性。在这种情况下，高速铁路开通对于不同规模城市产业专业化和多样化存在不同的影响途径与作用方向。此时，对于不同规模的城市采用相同的中介变量进行影响路径检验，就存在较大困难。因此，本书未进行高速铁路开通对产业专业化和多样化中介效应的实证检验。第5章中采用城市企业数量进行度量，一方面反映了企业的区位选择倾向，另一方面企业的数量也可表示城市产业的集聚。因此，本书从城市层面检验了高速铁路开通对于城市产业集聚的影响路径。对于产业专业化和多样化集聚内部特征的影响机理及实证检验，需要我们在以后的研究中继续深化。

主要参考文献

[1] 安虎森. 空间经济学教程［M］. 北京：经济科学出版社，2006.

[2] 白重恩，冀东星. 交通基础设施与出口：来自中国国道主干线的证据［J］. 世界经济，2018（1）：101-122.

[3] 步晓宁，张天华，张少华. 通向繁荣之路：中国高速公路建设的资源配置效率研究［J］. 管理世界，2019（5）：44-63.

[4] 曹小曙，李涛，杨文越，等. 2015基于陆路交通的丝绸之路经济带可达性与城市空间联系［J］. 地理科学进展，2015，（6）：657-664.

[5] 陈丰龙，徐康宁，王美昌. 高铁发展与城乡居民收入差距：来自中国城市的证据［J］. 经济评论，2018（2）：59-73.

[6] 陈林，伍海军. 国内双重差分法的研究现状与潜在问题［J］. 数量经济技术经济研究，2015（7）：133-148.

[7] 陈胜蓝，刘晓玲. 中国城际高铁与公司客户集中度——基于准自然实验的证据［J］. 南开经济研究，2020（3）：41-60.

[8] 陈曦. 中国城市生产性服务业地域分工的演化特征与效应——基于空间面板杜宾模型［J］. 城市发展研究，2017（3）：108-115.

[9] 邓艾，袁金辉. MAR及Jacobs型外部性与区域工业增长实证研究——基于甘肃的经验证据［J］. 西北民族大学学报（哲学社会科学版），2017

(3): 53-58.
[10] 邓慧慧，杨露鑫，潘雪婷. 高铁开通能否助力产业结构升级：事实与机制 [J]. 财经研究，2020 (6): 34-48.
[11] 邓明. 中国城市交通基础设施与就业密度的关系——内生关系与空间溢出效应 [J]. 经济管理，2014 (1): 163-174.
[12] 邓涛涛，王丹丹，程少勇. 高速铁路对城市服务业集聚的影响 [J]. 财经研究，2017 (7): 121-134.
[13] 邓涛涛，王丹丹. 中国高速铁路建设加剧了“城市蔓延”吗？——来自地级城市的经验证据 [J]. 财经研究，2018 (10): 126-138.
[14] 邓涛涛，赵磊，马木兰. 长三角高速铁路网对城市旅游业发展的影响研究 [J]. 经济管理，2016 (1): 137-146.
[15] 董晓芳，刘逸凡. 交通基础设施建设能带动县域经济发展么？——基于2004—2013年国家级高速公路建设和县级经济面板数据的分析 [J]. 南开经济研究，2018 (4): 3-20.
[16] 董艳梅，朱英明. 高铁建设的就业效应研究——基于中国285个城市倾向匹配倍差法的证据 [J]. 经济管理，2016 (11): 26-44.
[17] 杜兴强，彭妙薇. 高铁开通会促进企业高级人才的流动吗？[J]. 经济管理，2007 (12): 91-109.
[18] 樊福卓. 地区专业化的度量 [J]. 经济研究，2007 (9): 71-83.
[19] 范剑勇，冯猛，李方文. 产业集聚与企业全要素生产率 [J]. 世界经济，2014 (5): 51-73.
[20] 高翔，龙小宁，杨广亮. 交通基础设施与服务业发展——来自县级高速公路和第二次经济普查企业数据的证据 [J]. 管理世界，2015 (8): 81-96.
[21] 葛翔宇，黄永强，周艳丽. 2019：交通基础设施投资与经济增长——基于准自然实验的证据 [J]. 系统工程理论与实践，2019 (4): 922-934.
[22] 耿纯，赵艳朋. 交通基础设施对新建制造业企业选址的异质影响研究 [J]. 经济学动态，2018 (8): 90-105.

[23] 郭广珍，刘瑞国，黄宗晔. 交通基础设施影响消费的经济增长模型 [J]. 经济研究，2019 (3)：166-180.

[24] 郭建科，王丹丹，王利，等. 基于内外联系的双核型区域交通可达性研究——以辽宁省为例 [J]. 经济地理，2015 (11)：71-77.

[25] 郭建科，王绍博，李博，等. 哈大高铁对东北城市旅游经济联系的空间影响 [J]. 地理科学，2016 (4)：521-529.

[26] 郭凯明，潘珊，颜色. 新型基础设施投资与产业结构升级 [J]. 中国工业经济，2020 (3)：63-80.

[27] 郭树华，李石松. 综合交通运输体系对产业专业化与空间区域集聚的影响——以云南省农业产业为例 [J]. 经济问题探索，2016 (1)：125-131.

[28] 韩峰，李玉双. 产业集聚、公共服务供给与城市规模扩张 [J]. 经济研究，2019 (11)：149-164.

[29] 韩峰，王琢卓，阳立高. 生产性服务业集聚、空间技术溢出效应与经济增长 [J]. 产业经济研究，2014 (2)：1-10.

[30] 胡安俊，孙久文. 中国制造业转移的机制、次序与空间模式 [J]. 经济学（季刊），2014 (4)：1533-1556.

[31] 胡安荣，杨明媚. 产业多样化对就业的影响——基于中国省级面板数据的实证研究 [J]. 经济问题探索，2016 (5)：76-82.

[32] 胡彬，万道侠. 集聚环境“升级”抑或“降级”：对企业“创新惰性”的新解释 [J]. 财经研究，2019 (5)：16-29.

[33] 胡向婷，张璐. 地方保护主义对地区产业结构的影响——理论与实证分析 [J]. 经济研究，2005 (2)：102-112.

[34] 胡兆量. 经济地理学导论 [M]. 北京：商务印书馆，1987.

[35] 黄继忠，冀刚. 外部性与产业发展——一个理论分析框架 [J]. 技术经济与管理研究，2018 (2)：113-118.

[36] 黄乾. 中国的产业结构变动、多样化与失业 [J]. 中国人口科学，2009 (1)：22-31.

[37] 姜博，初楠臣，修春亮，等．中国“四纵四横”高铁网络可达性综合评估与对比［J］．地理学报，2016（4）：591-604．

[38] 蒋海兵，徐建刚，祁毅．京沪高铁对区域中心城市陆路可达性影响［J］．地理学报，2010（10）：1287—1298．

[39] 蒋华雄，蔡宏钰，孟晓晨．高速铁路对中国城市产业结构的影响研究［J］．人文地理，2017（5）：132-138．

[40] 焦利民，唐欣，刘小平．城市群视角下空间联系与城市扩张的关联分析［J］．地理科学进展，2016（10）：1177-1185．

[41] 金煜，陈钊，陆铭．中国的地区工业集聚：经济地理、新经济地理与经济政策［J］．经济研究，2006（4）：79-89．

[42] 李涵，滕兆岳，伍骏骞．公路基础设施与农业劳动生产率［J］．产业经济研究，2020（4）：32-43．

[43] 李红昌，TJIA，胡顺香．中国高速铁路对沿线城市经济集聚与均等化的影响［J］．数量经济技术经济研究，2016（11）：127-143．

[44] 李建明，王丹丹，刘运材．高速铁路网络建设推动中国城市产业结构升级了吗？［J］．产业经济研究，2020（3）：30-42．

[45] 李兰冰，阎丽，黄玖立．交通基础设施通达性与非中心城市制造业成长：市场势力、生产率及其配置效率［J］．经济研究，2019（12）：182-197．

[46] 李瑞琴，孙浦阳．地理集聚与企业的自选择效应——基于上、下游关联集聚和专业化集聚的比较研究［J］．财贸经济，2018（4）：114-129．

[47] 李祥妹，刘亚洲，曹丽萍．高速铁路建设对人口流动空间的影响研究［J］．中国人口·资源与环境，2014（6）：140-147．

[48] 李雪松，孙博文．高铁开通促进了地区制造业集聚吗？——基于京广高铁的准自然试验研究［J］．中国软科学，2017（7）：81-90．

[49] 梁兴辉，高冬冬，逯相雪．城市产业专业化与多样化对经济增长的影响研究［J］．商业经济研究，2018（4）：187-189．

[50] 林善浪，叶炜，王娜．高速公路发展对于新企业选址的影响——来自中国制造业微观企业数据的证据［J］．财贸研究，2017（3）：28-38．

[51] 林善浪，叶炜，张丽华. 时间效应对制造业企业选址的影响［J］. 中国工业经济，2018（2）：137-156.

[52] 刘秉镰，武鹏，刘玉海. 交通基础设施与中国全要素生产率增长——基于省域数据的空间面板计量分析［J］. 中国工业经济，2010（3）：54-64.

[53] 刘冲，刘晨冉，孙腾. 交通基础设施、金融约束与县域产业发展——基于“国道主干线系统”自然实验的证据［J］. 管理世界，2019（7）：78-88.

[54] 刘冲，吴群锋，刘青. 交通基础设施、市场可达性与企业生产率——基于竞争和资源配置的视角［J］. 经济研究，2020（7）：140-158.

[55] 刘冲，周黎安. 高速公路建设与区域经济发展：来自中国县级水平的证据［J］. 经济科学，2014（2）：55-67.

[56] 刘汉初，卢明华. 中国城市专业化发展变化及分析［J］. 世界地理研究，2014（4）：85-96.

[57] 刘乃全，吴友，赵国振. 专业化集聚、多样化集聚对区域创新效率的影响——基于空间杜宾模型的实证分析［J］. 经济问题探索，2016（2）：89-96.

[58] 刘晴，胡甜甜，邵智. 交通基础设施对企业内外销关系的影响机制分析：基于新经济地理运输成本的视角［J］. 世界经济研究，2020（5）：17-33.

[59] 刘生龙，胡鞍钢. 基础设施的外部性在中国的检验：1988—2007［J］. 经济研究，2010（3）：4-15.

[60] 刘生龙，胡鞍钢. 交通基础设施与中国区域经济一体化［J］. 经济研究，2011（3）：72-82.

[61] 刘生龙，郑世林. 交通基础设施跨区域的溢出效应研究——来自中国省级面板数据的实证证据［J］. 产业经济研究，2013（4）：59-69.

[62] 马光荣，程小萌，杨恩艳. 交通基础设施如何促进资本流动——基于高铁开通和上市公司异地投资的研究［J］. 中国工业经济，2020（6）：

5-23.

[63] 马丽梅，刘生龙，张晓. 能源结构、交通模式与雾霾污染——基于空间计量模型的研究［J］. 财贸经济，2016（1）：147-160.

[64] 年猛. 交通基础设施、经济增长与空间均等化——基于中国高速铁路的自然实验［J］. 财贸经济，2019（8）：146-161.

[65] 彭其渊，李建光，杨宇翔，等. 高速铁路建设对我国铁路运输的影响［J］. 西南交通大学学报，2016（3）：525-533.

[66] 彭向，蒋传海. 产业集聚、知识溢出与地区创新——基于中国工业行业的实证检验［J］. 经济学（季刊），2011（3）：913-934.

[67] 钱春蕾，叶菁，陆潮. 基于改进城市引力模型的武汉城市圈引力格局划分研究［J］. 地理科学进展，2015（2）：237-245.

[68] 覃成林，杨晴晴. 高速铁路发展与城市生产性服务业集聚［J］. 经济经纬，2016（3）：1-6.

[69] 饶品贵，王得力，李晓溪. 高铁开通与供应商分布决策［J］. 中国工业经济，2019（10）：137-154.

[70] 沈丽珍，顾朝林. 区域流动空间整合与全球城市网络构建［J］. 地理科学，2009（6）：787-793.

[71] 石东伟，何永芳. 产业专业化、产业多样化与城市经济增长［J］. 中国城市经济，2011（2）：36-37.

[72] 施震凯，邵军，浦正宁. 交通基础设施改善与生产率增长：来自铁路大提速的证据［J］. 世界经济，2018（6）：127-151.

[73] 苏红键，赵坚. 产业专业化、职能专业化与城市经济增长——基于中国地级单位面板数据的研究［J］. 中国工业经济，2011（4）：25-34.

[74] 苏华. 地区产业结构专业化及其影响因素——基于中国地级城市面板数据的实证分析［J］. 求索，2012（2）：41-43；10.

[75] 孙浦阳，张甜甜，姚树洁. 关税传导、国内运输成本与零售价格——基于高铁建设的理论与实证研究［J］. 经济研究，2019（3）：135-149.

[76] 孙祥栋，张亮亮，赵峥. 城市集聚经济的来源：专业化还是多样化——

基于中国城市面板数据的实证分析 [J]. 财经科学，2016（2）：113-122.

[77] 孙晓华，柴玲玲. 相关多样化、无关多样化与地区经济发展——基于中国282个地级市面板数据的实证研究 [J]. 中国工业经济，2012（6）：5-17.

[78] 孙晓华，郭旭，张荣佳. 产业集聚的地域模式及形成机制 [J]. 财经科学，2015（3）：76-86.

[79] 孙晓华，周玲玲. 多样化、专业化、城市规模与经济增长——基于中国地级市面板数据的实证检验 [J]. 管理工程学报，2013（2）：71-78.

[80] 孙晓华，郭玉娇. 产业集聚提高了城市生产率吗？——城市规模视角下的门限回归分析 [J]. 财经研究，2013（2）：103-112.

[81] 唐宜红，俞峰，林发勤，等. 中国高铁、贸易成本与企业出口研究 [J]. 经济研究，2019（7）：158-173.

[82] 王姣娥，焦敬娟，金凤君. 高速铁路对中国城市空间相互作用强度的影响 [J]. 地理学报，2014（12）：1833-1846.

[83] 王丽，曹有挥，仇方道. 高铁开通前后站区产业空间格局变动及驱动机制——以沪宁城际南京站为例 [J]. 地理科学，2017（1）：22-30.

[84] 王鹏，李彦. 高铁对城市群经济集聚演化的影响——以中国三大城市群为例 [J]. 城市问题，2018（5）：64-74.

[85] 王雨飞，倪鹏飞. 高速铁路影响下的经济增长溢出与区域空间优化 [J]. 中国工业经济，2016（2）：21-36.

[86] 王媛. 市场可达性、空间集聚经济与高铁站区经济发展 [J]. 财贸经济，2020（3）：131-145.

[87] 王正文，田玲，李慧. 城市专业化对中国保险市场发展的影响——基于中国省级面板数据 [J]. 保险研究，2013（10）：3-10.

[88] 魏后凯. 现代区域经济学 [M]. 北京：经济管理出版社，2006.

[89] 魏丽华. 论城市群经济联系对区域协同发展的影响——基于京津冀与沪苏浙的比较 [J]. 地理科学，2018（4）：575-579.

[90] 温忠麟，叶宝娟. 中介效应分析：方法和模型发展 [J]. 心理科学进展，2014（5）：731-745.

[91] 吴旗韬，张虹鸥，叶玉瑶，等. 基于交通可达性的港珠澳大桥时空压缩效应 [J]. 地理学报，2012（6）：723-732.

[92] 肖雁飞，张琼，曹休宁，等. 武广高铁对湖南生产性服务业发展的影响 [J]. 经济地理，2013（10）：103-107.

[93] 宣烨，陆静，余泳泽. 高铁开通对高端服务业空间集聚的影响 [J]. 财贸经济，2019（9）：117-131.

[94] 颜银根，倪鹏飞，刘学良. 高铁开通、地区特定要素与边缘地区的发展 [J]. 中国工业经济，2020（8）：118-136.

[95] 杨勃，王茂军. 城市专业化分工中的高铁效应 [J]. 城市发展研究，2017（6）：45-52；171.

[96] 杨亚平，周泳宏. 成本上升、产业转移与结构升级——基于全国大中城市的实证研究 [J]. 中国工业经济，2013（7）：147-159.

[97] 尹靖华，韩峰. 市场潜力、厚劳动力市场与城市就业 [J]. 财贸经济，2019（4）：148-162.

[98] 于谨凯，马健秋. 山东半岛城市群经济联系空间格局演变研究 [J]. 地理科学，2018（11）：1875-1882.

[99] 袁旭宏，汪晨晨. 地区产业多样化发展差异与影响因素研究 [J]. 西部经济管理论坛，2019（5）：16-27.

[100] 张光南，宋冉. 中国交通对“中国制造”的要素投入影响研究 [J]. 经济研究，2013（7）：63-75.

[101] 张建华，程文. 中国地区产业专业化演变的U型规律 [J]. 中国社会科学，2012（1）：77-97；208-209.

[102] 张俊. 高铁建设与县域经济发展——基于卫星灯光数据的研究 [J]. 经济学（季刊），2017（4）：301-330.

[103] 张克中，陶东杰. 交通基础设施的经济分布效应——来自高铁开通的证据 [J]. 经济学动态，2016（6）：62-73.

[104] 张莉，陆玉麒．基于可达性的中心地体系的空间分析［J］．地理科学，2013（6）：649-658.

[105] 张莉，陆玉麒．基于陆路交通网的区域可达性评价——以长江三角洲为例［J］．地理学报，2006（12）：1235-1246.

[106] 张梦婷，俞峰，钟昌标，等．高铁网络、市场准入与企业生产率［J］．中国工业经济，2018（5）：138-157.

[107] 张天华，陈力，董志强．高速公路建设、企业演化与区域经济效率［J］．中国工业经济，2018（1）：79-99.

[108] 张天华，高翔，步晓宁，等．中国交通基础设施建设改善了企业资源配置效率吗——基于高速公路建设与制造业企业要素投入的分析［J］．财经研究，2017（8）：122-134.

[109] 张雯熹，吴群，王博，等．产业专业化、多样化集聚对城市土地利用效率影响的多维研究［J］．中国人口·资源与环境，2019（11）：100-110.

[110] 张茜，赵鑫．交通基础设施及其跨区域溢出效应对旅游业的影响——基于星级酒店、旅行社、景区的数据［J］．经济管理，2018（4）：118-133.

[111] 张学良．中国交通基础设施与经济增长的区域比较分析［J］．财经研究，2007（8）：51-63.

[112] 张学良．中国交通基础设施促进了区域经济增长吗——兼论交通基础设施的空间溢出效应［J］．中国社会科学，2012（3）：60-77.

[113] 张勋，王旭，万广华，等．交通基础设施促进经济增长的一个综合框架［J］．经济研究，2018（1）：50-64.

[114] 张志，周浩．交通基础设施的溢出效应及其产业差异——基于空间计量的比较分析［J］．财经研究，2012（3）：124-134.

[115] 张祖贤，张国伍．高速铁路的外部经济效益分析［J］．综合运输，2015（8）：62-68.

[116] 赵东霞，韩增林，赵彪．东北地区城市经济联系的空间格局及其演化［J］．地理科学，2016（6）：846-854.

[117] 钟业喜，黄洁，文玉钊．高铁对中国城市可达性格局的影响分析［J］．

地理科学，2015（4）：387-395.

［118］ 周国富，叶亚珂，彭星. 产业的多样化、专业化对京津冀市场一体化的影响［J］. 城市问题，2016（4）：4-10.

［119］ 周浩，余壮雄，杨铮. 可达性、集聚和新建企业选址——来自中国制造业的微观证据［J］. 经济学（季刊），2015（4）：1393—1416.

［120］ 周浩，郑筱婷. 交通基础设施质量与经济增长：来自中国铁路提速的证据［J］. 世界经济，2012（1）：78-97.

［121］ 周黎安，陈烨. 中国农村税费改革的政策效果：基于双重差分模型的估计［J］. 经济研究，2005（8）：44-53.

［122］ 周圣强，朱卫平. 产业集聚一定能带来经济效率吗：规模效应与拥挤效应［J］. 产业经济研究，2013（3）：12-22.

［123］ 周玉龙，杨继东，黄阳华，等. 2018：《高铁对城市地价的影响及其机制研究——来自微观土地交易的证据［J］. 中国工业经济，2018（5）：119-137.

［124］ 诸竹君，黄先海，王煌. 交通基础设施改善促进了企业创新吗？——基于高铁开通的准自然实验［J］. 金融研究，2019（11）：153-169.

［125］ AHLFELDT G M，FEDDERSEN A. From periphery to core：measuring agglomeration effects using high-speed rail［J］. Journal of Economic Geography，2017，18（2）：1-36.

［126］ CHAGAS A L S，AZZONI C R，ALMEIDA A N. A spatial difference-in-differences analysis of the impact of sugarcane production on respiratory diseases［J］. Regional Science & Urban Economics，2016，59（7）：24-36.

［127］ AOYAMA Y，RATICK S J. Trust，transactions，and information technologies in the U.S. logistics industry［J］. Economic Geography，2007，83（2）：159-180.

［128］ ARROW K J. The economic implications of learning by doing［J］. Review of Economic Studies，1971，29（3）：155-173.

[129] AUDRETSCH D B, FELDMAN M P.Knowledge spillovers and the geography of innovation [J]. Handbook of Urban & Regional Economics, 2003, 4 (3): 2713-2739.

[130] BASILE R, GIRARDI A.Specialization and risk sharing in european regions [J]. Journal of Economic Geography, 2010, 10 (5): 645-659.

[131] BAUM-SNOW N.Did highways cause suburbanization [J]. Quarterly Journal of Economics, 2007, 122 (2): 775-805.

[132] BAUM-SNOW N, BRANDT L, HENDERSON J V, et al.Roads, railroads and decentralization of chinese cities. LSE research online documents on economics [J]. Review of Economics and Statistics, 2017, 99 (3): 435-448.

[133] BEAUDRY C, SCHIFFAUEROVA A.Who's right, Marshall or Jacobs? The localization versus urbanization debate [J]. Research Policy, 2009, 38 (2): 318-337.

[134] BECKERICH C, BENOIT S, DELAOLACE M. Are the reasons for companies to locate around central versus peripheral high—speed rail stations different? The cases of Reims central station and champagne—Ardenne station [J]. European Planning Studies, 2019, 27 (3): 574-594.

[135] BERNARD A B, MOXNES A, SAITOV Y U. Production networks, geography, and firm performance [J]. Journal of Political Economy, 2019, 127 (2): 639-688.

[136] CAMPA J L, LOPEZ-LAMBAS M E, GUIRAO B.High speed rail effects on tourism: Spanish empirical evidence derived from China's modelling experience [J]. Journal of Transport Geography, 2016, 57 (11): 44-54.

[137] CAO J, LIU X C, WANG Y, et al. Accessibility impacts of China's high-speed rail network [J]. Journal of Transport Geography, 2013, 28 (4): 12-21.

[138] CHANG J, LEE J.Accessibility analysis of Korean high-speed rail: a case

study of the Seoul metropolitan area [J]. Transport Reviews, 2008, 28 (1): 87-103.

[139] CHEN C L, HALL P. The impacts of high-speed trains on British economic geography: a study of the UK's inter-city 125/225 and its effects [J]. Journal of Transport Geography, 2011, 19 (4): 689-704.

[140] CHEN C L, HALL P. The wider spatial—economic impacts of high-speed trains: a comparative case study of Manchester and Lille sub-regions [J]. Journal of Transport Geography, 2012, 24 (9): 89-110.

[141] CHEN C L, VICKERMAN R. Can transport infrastructure change regions' economic fortunes? Some evidence from Europe and China [J]. The Journal of the Regional Studies Association, 2016, 51 (1): 144-160.

[142] CHEN Z, XUE J, ROSE A Z, et al. The impact of high-speed rail investment on economic and environmental change in China: a dynamic CGE analysis [J]. Transportation Research Part A: Policy and Practice, 2016, 92 (10): 232-245.

[143] CHENG Y S, LOO B P Y, VICKERMAN R. High-speed rail networks, economic integration and regional specialization in China and Europe [J]. Travel Behaviour and Society, 2015, 2 (1): 1-14.

[144] CORONADO J M, URENA J M, MIRALLES J L. Short and long-term population and project implications of high-speed rail for served cities: analysis of all served Spanish cities and re-evaluation of ciudad real and puertollano [J]. European Planning Studies, 2019, 27 (3): 434-460.

[145] DATTA S. The impact of improved highways on Indian firms [J]. Journal of Development Economics, 2012, 99 (1): 46-57.

[146] DELGADO M S, FLORAX R J G M. Difference-in-differences techniques for spatial data: local auto-correlation and spatial interaction [J]. Economics Letters, 2015, 137 (11): 123-126.

[147] DENG T T, WANG D D, YANG Y, et al. Shrinking cities in growing China:

did high speed rail further aggravate urban shrinkage? [J]. Cities, 2019, 86 (3): 210-219.

[148] DIAMOND C A, SIMON C J.Industrial specialization and the returns to labor [J]. Journal of Labor Economics, 1990, 8 (2): 175-201.

[149] DIAO M.Does growth follow the rail? The potential impact of high-speed rail on the economic geography of China [J]. Transportation Research Part A, 2018, 113 (7): 279-290.

[150] DONALDSON D. Railroads of Raj: estimating the impact of transportation infrustructure [J]. American Economic Review, 2018, 108 (4-5): 899-934.

[151] DONG X F.High-speed railway and urban sectoral employment in China [J]. Transportation Research Part A: Policy and Practice, 2018, 116 (10): 603-621.

[152] DONG X, ZHENG S, KAHN M E. The role of transportation speed in facilitating high skilled teamwork across cities [J]. Journal of Urban Economics, 2020, 115 (1): 103212.

[153] DUBE J, LEGROS D, THERIAULT M, et al. Spatial difference-in-differences estimator to evaluate the effect of change in public mass transit systems on house prices [J]. Transportation Research Part B: Methodological, 2014, 64 (6): 24-40.

[154] DURANTON G, PUGA D. Micro-foundations of urban agglomeration economies [J]. Handbook of Regional and Urban Economics, 2004 (4): 2063-2117.

[155] DURANTON G, PUGA D.Diversity and specialisation in cities: why, where and when does it matter? [J]. Urban Studies, 2000, 37 (3): 533-555.

[156] DURANTON G, PUGA D. From sectoral to functional urban specialisation [J]. Journal of Urban Economics, 2005, 57 (2): 343-370.

[157] FABER B. Trade integration, market size, and industrialization: evidence

from China 's national trunk highway system [J]. Review of Economic Studies, 2014, 81 (3): 1046-1070.

[158] FANG C L, LIU H M, LI G D, et al. Estimating the impact of urbanization on air quality in China using spatial regression models [J]. Sustainability, 2015, 7 (11): 15570-15592.

[159] FRENKEN K, OORT F V, VERBURG T.Related variety, unrelated variety and regional economic growth [J]. Regional Studies, 2007, 41 (5): 685-697.

[160] GARMENDIA M, RIBALAYGUA C, URENA J M. High speed rail: implication for cities [J]. Cities, 2012a, 29 (2): S26-S31.

[161] GARMENDIA M, ROMERO V, URENA J M D, et al. High-speed rail opportunities around metropolitan regions: Madrid and London [J]. Journal of Infrastructure Systems, 2012b, 18 (4): 305-313.

[162] GLAESER E L, KALLAL H D, SCHEINKMAN J A, et al.Growth in cities [J]. Journal of Political Economy, 1992, 100 (6): 1126—1152.

[163] GLAESER E L, KOHLHASE J E.Cities, regions and the decline of transport costs [J]. Papers in Regional Science, 2004, 83 (1): 197-228.

[164] GLAESER E L.Agglomeration economics [M], Chicago: The University of Chicago Press, 2010.

[165] CRESCENZI R, RODRIGUEZ-POSE A, STORPER M. The territorial dynamics of innovation in China and India [J]. Journal of Economic Geography, 2012, 12 (5): 1055-1085.

[166] GROOT H, POOT J, SMIT M.Which agglomeration externalities matter most and why? [J]. Journal of Economic Surveys, 2016, 30 (4): 756-782.

[167] GUIRAO B, CAMPA J L, CASADO-SANZ N.Labour mobility between cities and metropolitan integration: the role of high speed rail commuting in Spain [J]. Cities, 2018, 78 (8): 140-154.

[168] GUIRAO B, GALERA A, CAMPA J L.High speed rail commuting impacts

on labour migration: the case of the concentration of metropolis in the Madrid functional area [J]. Land Use Policy, 2017, 66 (7): 131-140.

[169] GUTIERREZ J. Location, economic potential and daily accessibility: an analysis of the accessibility impact of the high-speed line Madrid-Barcelona-French border [J]. Journal of Transport Geography, 2001, 9 (4): 229-242.

[170] HANSEN W G. How accessibility shapes land use [J]. Journal of the American Institute of Planners, 1959, 25 (2): 73-76.

[171] HARRISON B, KELLEY M R, GANT J. Specialization versus diversity in local economies: the implications for innovative private-sector behavior [J]. Bridging Regional Growth and Community Empowerment, 1996, 2 (2): 61-93.

[172] HE Q, XUE C, ZHU C. Financial development and patterns of industrial specialization: evidence from China [J]. Review of Finance, 2017, 21 (4): 1953-1638.

[173] HECKERT M. A spatial difference-in-differences approach to studying the effect of greening vacant land on property values [J]. Cityscape, 2015, 17 (1): 51-60.

[174] HENDERSON J V. Marshall's scale economies [J]. Journal of Urban Economics, 2003, 53 (1): 1-28.

[175] HEUERMANN D F, SCHMIEDER J F. The effect of infrastructure on worker mobility: evidence from high-speed rail expansion in Germany [J]. Journal of Economic Geography, 2019, 19 (2): 335-372.

[176] HOLL A. Manufacturing location and impacts of road transport infrastructure: empirical evidence from Spain [J]. Regional Science and Urban Economics, 2004, 34 (3): 341-363.

[177] HOLL A. Highways and productivity in manufacturing firms [J]. Journal of Urban Economics, 2016, 93 (5): 131-151.

[178] HOSSEINI H M, KANEKO S. Can environmental quality spread through institutions? [J]. Energy Policy, 2013, 56 (5): 312-321.

[179] HUALLACHAIN B, LEE D S. Technological specialization and variety in urban invention [J]. Regional Studies, 2011, 45 (1): 67-88.

[180] JACOBS J.The economies of cities [M], New York: Random House, 1969.

[181] HAN J, HAYASHI Y, JIA P, et al. Economic effect of high-speed rail: empirical analysis of shinkansen's impact on industrial location [J]. Journal of Transportation Engineering, 2012, 138 (12): 1551-1557.

[182] JIA S M, ZHOU C Y, QIN C L.No difference in effect of high-speed rail on regional economic growth based on match effect perspective? [J] . Transportation Research Part A: Policy and Practice, 2017, 106 (11) : 144-157.

[183] JIAO J, WANG J, JIN F, et al.Impacts on accessibility of China's present and future HSR network [J]. Journal of Transport Geography, 2014, 40 (10): 123-132.

[184] JIAO J, WANG J, JIN F.Impacts of high-speed rail lines on the city network in China [J]. Journal of Transport Geography, 2017, 60 (4): 257-266.

[185] KALEMLI-OZCAN S, SORENSEN B E, YOSHA O.Economic integration, industrial specialization, and the asymmetry of macroeconomic fluctuations [J]. Journal of International Economics, 2001, 55 (1): 107-137.

[186] KALEMLI-OZCAN S, SORENSEN B E, YOSHA O. Risk sharing and industrial specialization: regional and international evidence [J]. American Economic Review, 2003, 93 (3): 903-918.

[187] KASRAIAN D, MAAT K, STEAD D, et al.Long-term impacts of transport infrastructure networks on land-use change: an international review of empirical studies [J]. Transport Reviews, 2016, 36 (6): 772-792.

[188] KE S.Agglomeration, productivity, and spatial spillovers across Chinese cities [J]. Annals of Regional Science, 2010, 45 (1): 157-179.

[189] KE X, CHEN H Q, HONG Y M, et al.Do China's high-speed-rail projects promote local economy? New evidence from a panel data approach [J]. China Economic Review, 2017, 44 (7): 203-226.

[190] KIM C W, PHIPPS T T, ANSELIN L.Measuring the benefits of air quality improvement: a spatial hedonic approach [J]. Journal of Environmental Economics and Management, 2003, 45 (1): 24-35.

[191] KIM H, SULTANA S. The impacts of high-speed rail extensions on accessibility and spatial equity changes in South Korea from 2004 to 2018 [J]. Journal of Transport Geography, 2015, 45 (5): 48-61.

[192] KRUGMAN P.Increasing returns and economic geography [J]. Journal of Political Economy, 1991, 99 (3): 483-499.

[193] KRUGMAN P, VENABLES A J.Globalization and the inequality of nations [J]. Quarterly Journal of Economics, 1995, 110 (4): 857-880.

[194] LI H C, STRAUSS J, HU S X, et al.Do high speed railways lead to urban economic growth in China? A panel data study of China's cities [J]. The Quarterly Review of Economics and Finance, 2018, 69 (8): 70-89.

[195] LI Q, SONG J, WANG E, et al.Economic growth and pollutant emissions in China: a spatial econometric analysis [J]. Stochastic Environmental Research and Risk Assessment, 2014, 28 (2): 429-442.

[196] LI X, HUANG B, LI R, et al.Exploring the impact of high speed railways on the spatial redistribution of economic activities—Yangtze River Delta urban agglomeration as a case study [J]. Journal of Transport Geography, 2016, 57 (11): 194-206.

[197] LI Z.XU H.High-speed railroad and economic geography: evidence from Japan [J]. Journal of Regional Science, 2018, 58 (4): 705-727.

[198] LIN.Travel costs and urban specialization patterns: evidence from China's high speed railway system [J]. Journal of Urban Economics, 2017, 98 (3): 98-123.

[199] LONG C, ZHANG X B.Patterns of China's industrialization: concentration, specialization, and clustering [J]. China Economic Review, 2012, 23 (3): 593-612.

[200] LUCIO J, HERCE J, GOICOLEA A. The effects of externalities on productivity growth in Spanish industry [J]. Regional Science and Urban Economics, 2002, 32 (2): 241-258.

[201] MALIZIA E E, KE S.The influence of economic diversity on unemployment and stability [J]. Journal of Regional science, 1993, 33 (2): 221-235.

[202] MARYANN M P, FELDMAN D B. Innovation in cities: science-based diversity, specialization and localized competition [J]. European Economic Review, 1999, 43 (2): 409-429.

[203] MELO P C, GRAHAM D J, NOLAND R B.A meta-analysis of estimates of urban agglomeration economies [J]. Regional Science and Urban Economics, 2009, 39 (3): 332-342.

[204] MENG X C, LIN S L, ZHU X C.The resource redistribution effect of high-speed rail stations on the economic growth of neighbouring regions: evidence from China [J]. Transport Policy, 2018 (68): 178-191.

[205] MONZON A, ORTEGA E, LOPEZ E. Efficiency and spatial equity impacts of high-speed rail extensions in urban areas [J]. Cities, 2013 (30): 18-30.

[206] MOYANO A, SANCHEZ-MATEOS H, CORONADO J M.From network to services: a comparative accessibility analysis of the Spanish high-speed rail system [J]. Transport Policy, 2018 (63): 51-60.

[207] NISSAN E, CARTER G.Shannon measure of industrial specialization at the state level [J]. Southwestern Economic Review, 2010 (37): 29-46.

[208] ORTEGA E, LOPEZ E, MONZON A. Territorial cohesion impacts of high-speed rail at different planning levels [J]. Journal of Transport Geography, 2012 (24): 130-141.

[209] ORTEGA E, LOPEZ E, MONZON A. Territorial cohesion impacts of high-speed rail under different zoning systems [J]. Journal of Transport Geography, 2014 (34): 16-24.

[210] PAGLIARA F, MAURIELLO F, GAROFALO A. Exploring the inter dependences between high speed rail systems and tourism: some evidence from Italy [J]. Transportation Research Part A Policy & Practice, 2017 (106): 300-308.

[211] PETERSSON L.The new economic geography and industrial location in SADC [J]. South African Journal of Economics, 2002, 70 (8): 1222—1246.

[212] PORTER E M.Clusters and the new economics of competition [J]. Harvard Business Review, 1998 (76): 77-90.

[213] PORTER E M. Location, competition, and economic development: local clusters in a global economy [J]. Economic Development Quarterly, 2000, 14 (1): 15-34.

[214] PUGA D.European regional policies in light of recent location theories [J]. Journal of Economic Geography, 2002, 2 (4): 373-406.

[215] QIN Y. 'No county left behind?' The distributional impact of high-speed rail upgrades in China [J]. Journal of Economic Geography, 2017, 17 (3): 489-520.

[216] READES J, SMITH D A.Mapping the 'space of flows': the geography of global business telecommunications and employment specialization in the London mega-city-region [J]. Regional Studies, 2014, 48 (1): 105-126.

[217] ROMER P M. Endogenous technological change [J]. Journal of Political Economy, 1989, 98 (5), 71-102.

[218] RUSSU C. Industrial specialization of the European union member countries [J]. Economic Insights Trends & Challenges, 2015, 4 (2): 63-73.

[219] SANCHEZ-MATEOS H S, GIVONI M.The accessibility impact of a new high-

speed rail line in the UK—a preliminary analysis of winners and losers [J]. Journal of Transport Geography, 2012 (25): 105-114.

[220] SANDS B.The development effects of high-speed rail stations and implications for California [J]. Built Environment, 1993, 19 (3/4): 257-284.

[221] SASAKI K, OHASHI T, ANDO A.High-speed rail transit impact on regional systems: does the shinkansen contribute to dispersion? [J]. Annals of Regional Science, 1997, 31 (1): 77-98.

[222] SHAO S, TIAN Z, YANG L. High speed rail and urban service industry agglomeration: evidence from China's Yangtze River Delta region [J]. Journal of Transport Geography, 2017 (64): 174-183.

[223] SHAW S L, FANG Z, LU S, et al. Impacts of high speed rail on railroad network accessibility in China [J]. Journal of Transport Geography, 2014 (40): 112-122.

[224] SIMONEN J, SVENTO R, JUUTINEN A. Specialization and diversity as drivers of economic growth: evidence from high-tech industries [J]. Papers in Regional Science, 2015, 94 (2): 229-247.

[225] VICKERMAN R, SPIEKERMANN K, WEGENER M. Accessibility and economic development in Europe [J]. Regional Studies, 1999, 33 (1): 1-15.

[226] VOGIATZOGLOU K. Agglomeration or Dispersion? Industrial specialization and geographic concentration in NAFTA [J]. Journal of International Economic Studies, 2006 (20): 89-102.

[227] WAGNER J E, DELLER S C.Measuring the effects of economic diversity on growth and stability [J]. Land Economics, 1998, 74 (4): 541-556.

[228] WANG L, LIU Y, SUN C, et al. Accessibility impact of the present and future high-speed rail network: a case study of Jiangsu province, China [J]. Journal of Transport Geography, 2016 (54): 161-172.

[229] WANG Y D, PAN X, LI J, et al.Does technological diversification matter for

regional innovation capability? Evidence from China [J]. Technology Analysis & Strategic Management, 2015, 28 (3): 1-12.

[230] WANG Y, NING L, LI J, et al.Foreign direct investment spillovers and the geography of innovation in Chinese regions: the role of regional industrial specialization and diversity [J]. Regional Studies, 2016, 50 (5): 805-822.

[231] WILLIGERS J, WEE B.High-speed rail and office location choices.A stated choice experiment for the Netherlands [J]. Journal of Transport Geography, 2011, 19 (4): 745-754.

[232] WU Y, ZHU X.Industrial policy and economic geography: evidence from China [J]. Journal of the Asia Pacific Economy, 2017, 22 (1): 173-190.

[233] XU W, ZHOU J, YANG L, et al.The implications of high-speed rail for Chinese cities: connectivity and accessibility [J]. Transportation Research Part A: Policy and Practice, 2018 (116): 308-326.

[234] ZHANG W X, NIAN P H, LYU G W.A multimodal approach to assessing accessibility of a high-speed railway station [J]. Journal of Transport Geography, 2016 (54): 91-101.

[235] ZHENG D, KURODA T. The impact of economic policy on industrial specialization and regional concentration of China's high-tech industries [J]. The Annals of Regional Science, 2013, 50 (3): 771-790.

[236] ZHENG S, KAHN M E.China's bullet trains facilitate market integration and mitigate the cost of mega city growth [J]. Proceedings of the National Academy of Sciences, 2013, 110 (14): 1248-1253.

附录

理论推导过程

一、消费者效用函数

$U = C_M^{\mu} C_S^{1-\mu}$

式中：C_M表示制造业消费量的综合指数；C_S表示服务品的消费量；μ是常数，表示制造业产品的支出份额。

C_M是定义在工业品种类的连续空间上的子效用函数。其计算公式为：

$$C_M = \left[\int_0^n c_M(i)^{\frac{\sigma_M - 1}{\sigma_M}} di\right]^{\frac{\sigma_M}{\sigma_M - 1}} 0<\mu<1<\sigma_M$$

式中：c_M（i）表示每种工业品的消费量，n表示工业品的种类。

C_M符合不变替代函数（CES），σ_M和σ_S表示两种商品之间的替代弹性。

同理可得：

$$C_S = \left[\int_0^m c_S(j)^{\frac{\sigma_S - 1}{\sigma_S}} dj\right]^{\frac{\sigma_S}{\sigma_S - 1}} 0<1-\mu<1<\sigma_S$$

北部工人的总收入为：

$w_M H + w_s L = E$

总支出等于总收入，即效用最大化的约束条件为：

$P_M C_M + P_S C_S = E$

$\int_0^n p_{iM} c_{iM} di$为工业品消费支出，也就是消费工业品组合$C_M$的支出。$\int_0^m p_{jS} c_{jS} dj$为服务品消费支出。求解效用最大化问题时，可以将其转化为C_M和C_S的支出最小化问题：

$$\min \int_0^n p_{iM} c_{iM} di + \int_0^m p_{jS} c_{jS} dj$$

s.t. $C_M = \left[\int_0^n c_M(i)^{\frac{\sigma_M - 1}{\sigma_M}} di\right]^{\frac{\sigma_M}{\sigma_M - 1}} C_S = \left[\int_0^m c_S(j)^{\frac{\sigma_S - 1}{\sigma_S}} dj\right]^{\frac{\sigma_S}{\sigma_S - 1}}$

为了求成本最小化问题，我们构造拉格朗日函数：

$$L = \int_0^n p_{iM} c_{iM} di + \int_0^m p_{jS} c_{jS} dj - \lambda\left[\left[\int_0^n c_M(i)^{\frac{\sigma_M - 1}{\sigma_M}} di\right]^{\frac{\sigma_M}{\sigma_M - 1}} - C_M\right] -$$

$$\delta\left[\left[\int_0^m c_S(j)^{\frac{\sigma_S - 1}{\sigma_S}} di\right]^{\frac{\sigma_S}{\sigma_S - 1}} - C_S\right]$$

对 c_{iM} 求导并使结果等于0。求得：

$$P_{iM} = \lambda C_M^{\frac{1}{\sigma_M}} c_i^{-\frac{1}{\sigma_M}}$$

P_{iM} 为工业品的价格指数。

同理可得：

$$P_{jM} = \lambda C_M^{\frac{1}{\sigma_M}} c_j^{-\frac{1}{\sigma_M}}$$

$$\frac{P_{iM}}{P_{jM}} = \frac{\lambda C_M^{\frac{1}{\sigma_M}} c_i^{-\frac{1}{\sigma_M}}}{\lambda C_M^{\frac{1}{\sigma_M}} c_j^{-\frac{1}{\sigma_M}}} = \frac{c_j^{\frac{1}{\sigma_M}}}{c_i^{\frac{1}{\sigma_M}}}$$

可得：

$$c_i = c_j\left(\frac{P_{jM}}{P_{iM}}\right)^{\sigma_M}$$

将其带入成本最小化约束：

$$c_j = \frac{C_M c_j}{C_M} = \frac{C_M c_j}{\left[\int_{i=0}^n \left(c_j\left(\frac{p_j}{p_i}\right)^{\sigma_M}\right)^{\frac{\sigma_M - 1}{\sigma_M}} di\right]^{\frac{\sigma_M}{\sigma_M - 1}}} = \frac{p_j^{-\sigma_M} C_M}{\left[\int_{i=0}^n p_i^{1-\sigma_M} di\right]^{\frac{\sigma_M}{\sigma_M - 1}}} \quad (1)$$

在式（1）中，C_M 为常数，也就是说，在工业品价格给定时，分母为常数。因此，消费者对于第 j 种工业品的需求价格弹性为 $-\sigma_M$。

式（1）为消费者对于第 j 种工业品的需求函数，从中可以得到消费者对于工业品的总支出：

$$\int_{i=0}^{n} p_i c_i \, di = \int_{i=0}^{n} \frac{p_i p^{-\sigma_M}}{\left(\int_{i=0}^{n} p_i^{1-\sigma_M} di\right)^{\frac{\sigma_M}{\sigma_M - 1}}} C_M di$$
$$= C_M \left(\int_{i=0}^{n} p_i^{1-\sigma_M} di\right)^{\frac{1}{1-\sigma_M}} \tag{2}$$

式中：C_M表示消费者购买的工业品的组合。

则价格指数为：

$$P_M = \left(\int_{i=0}^{n} p_i^{1-\sigma_M} di\right)^{\frac{1}{1-\sigma_M}} \tag{3}$$

同理，可得服务品的价格指数：

$$P_S = \left(\int_{i=0}^{m} p_i^{1-\sigma_S} di\right)^{\frac{1}{1-\sigma_s}} \tag{4}$$

将P_M代入式（1），可得：

$$c_j = \frac{p_j^{-\sigma_M}}{\left(\int_{i=0}^{n} p_i^{1-\sigma_M} di\right)^{\frac{\sigma_M}{1-\sigma_M}}} C_M = \frac{p_j^{-\sigma_M} C_M}{P_M^{-\sigma_M}}$$

将j换成i：

$$c_i = \left(\frac{p_i}{P_M}\right)^{-\sigma_M} C_M \tag{5}$$

式（5）为工业品需求函数。

同理，服务品的需求函数为：

$$c_{si} = \left(\frac{p_{si}}{P_s}\right)^{-\sigma_s} C_s$$

求解消费者的效用最大化：

$$\max U = C_M^{\mu} C_S^{1-\mu}$$

$$\text{s.t. } P_M C_M + P_S C_S = E$$

根据拉格朗日定理：

$$L = C_M^{\mu} C_S^{1-\mu} - \lambda(P_M C_M + P_S C_S - E)$$

分别对C_M和C_S求导，得到：

$$C_S = \frac{(1-\mu)P_M C_M}{\mu P_S}$$

将其带入约束条件，得到：

$$C_M = \frac{\mu E}{P_M} \tag{6}$$

$$C_S = \frac{(1-\mu)E}{P_S} \tag{7}$$

式（6）和式（7）就是北部对于工业品和服务品组合的需求函数。将其变形，可得：

$$C_M P_M = \mu E$$

$$C_S P_S = (1-\mu)E$$

这说明北部消费者对于工业品和服务品的支出份额分别是μ和$(1-\mu)$。将式（6）代入式（5），得到：

$$c_i = \left(\frac{p_i}{P_M}\right)^{-\sigma_M} \cdot \mu E / P_M = \mu E\left(\frac{p_i^{-\sigma_M}}{P_M^{1-\sigma_M}}\right) \tag{8}$$

式（8）就是北部消费者对于第i种工业品的需求函数。同理，北部消费者对于第j种服务品的需求函数为：

$$c_{Sj} = (1-\mu)E\left(\frac{p_{Sj}^{-\sigma_S}}{P_S^{1-\sigma_S}}\right) \tag{9}$$

北部消费者的效用最大化水平为：

$$U_{\max} = C_M^{\mu} C_S^{1-\mu} = \frac{\mu^{\mu}(1-\mu)^{1-\mu}E}{P_M^{\mu}P_S^{1-\mu}}$$

二、生产者行为

我们假设工业存在规模经济，而且工业生产仅需要劳动力一种生产要素。工业生产的固定投入为F_M，边际投入为a_M，则总的劳动力投入为：

$$L_M = F_M + a_M x_M$$

式中：x_M表示给定地区（北部）生产数量的产品。

由于工业存在规模经济、消费者更偏好差异产品，以及市场上有无限种潜在差异产品，没有厂商愿意生产与其他厂商相同的产品，因此，每种产品仅由一个专业化的厂商生产。厂商的目标是利润最大化。

假设北部N厂商生产一种特定的产品，给工人的工资是w_{NM}，产品的出厂价是P_{NM}，则利润π_N为：

$$\pi_N = P_{NM}x_{NM} - w_{NM}(F_M + a_M x_{NM}) \tag{10}$$

需求函数由消费者决定，由上文中消费者行为可得：

$$c_i = \mu E\left(\frac{p_i^{-\sigma_M}}{P_M^{1-\sigma_M}}\right)$$

从上式可以看出，需求弹性为σ_M。根据边际收益等于边际成本的利润最大化条件，将式（8）代入式（10），并对P_{NM}求导等于0，得到：

$$\pi_N = p_{NM}(\mu E P_{NM}^{-\sigma_M} P_M^{\sigma_M - 1}) - w_{NM}(F_M + a_M \mu E p_{NM}^{-\sigma_M} P_M^{\sigma_M - 1})$$

$$P_{NM} = \frac{\sigma_M}{\sigma_M - 1} w_{NM} a_M \tag{11}$$

式（11）就是N厂商利润最大化时的均衡价格。

根据厂商的零利润条件，将式（11）代入式（10）并使利润等于0，得到：

$$\pi_N = \frac{\sigma_M}{\sigma_M - 1} w_{NM} a_M x_{NM} - w_{NM}(F_M + a_M x_{NM}) = 0$$

将上式变形，得到：

$$x_{NM} = \frac{(\sigma_M - 1)F_M}{a_M} \tag{12}$$

式（12）求得的x_{NM}为各种产品的均衡输出量，也就是厂商的均衡产出，则劳动力的均衡投入为：

$$L_M = F_M + a_M x_M = F_M + a_M \frac{(\sigma_M - 1)F_M}{a_M} = \sigma_M F_M \tag{13}$$

在劳动力数量一定的情况下，厂商的数量为：

$$n_N = \frac{L_N^M}{\sigma_M F_M} \tag{14}$$

L_N^M为北部工业总的劳动力数量。

同理，由于服务业的设定与工业相同，因此服务业的厂商数量为：

$$n_{NS} = \frac{L_N^S}{\sigma_S F_S}$$

假设北部总的劳动力数量为L_N，北部工业劳动力份额为r，则服务业劳动力份额为$(1-r)$，此时北部总体市场规模为：

$$n = \frac{rL_N}{\sigma_M F_M} + \frac{(1-r)L_N}{\sigma_S F_S} = \frac{r\sigma_S F_S + (1-r)\sigma_M F_M}{\sigma_M F_M \sigma_S F_S} L_N \tag{15}$$

由式（12）和式（14）可知，市场规模不会影响边际成本的加成定价，也不会影响单一产品的生产规模，规模效应通过区域产品种类的变化发生作用。由式（15）可知，北部的市场规模可看作其工业劳动力份额与服务业劳动力份额的加权平均数，因此，劳动力的转移就等于企业的转移，进而影响市场规模的变化。此时，我们得到假说1：规模效应与劳动力的投入有关。劳动力投入越多，厂商数量越多，则产业的集聚水平越高。

三、均衡分析

（一）市场规模

根据式（8），本地对于i产品的需求为$\mu E\left(\frac{p_i^{-\sigma_M}}{P_M^{1-\sigma_M}}\right)$。由于本地产品运到其他地区有“冰山成本”$t$，运送到其他地区的价格为$tp_i$，因此，其他地区对于$i$产品的需求为$\mu E\left[\frac{(tp_i)^{-\sigma_M}}{P_M^{1-\sigma_M}}\right]$。将所有地区对于$i$产品的需求量加总，得到：

$$y_i = \mu E\left(\frac{p_i^{-\sigma_M}}{P_M^{1-\sigma_M}}\right) + \mu E\left[\frac{(tp_i)^{-\sigma_M}}{P_M^{1-\sigma_M}}\right]$$

这说明当i产品的价格不变时，本地需求不变。若运输成本t降低，则其他地区对于i产品的需求增加。将上式扩展到多个地区，可得：

$$y_i = \sum_{r=1}^{n} \mu E(t_r p_i)^{-\sigma_M} P_M^{\sigma_M - 1} = \mu p_i^{-\sigma_M} \sum_{r=1}^{n} E t_r^{-\sigma_M} P_M^{\sigma_M - 1} \tag{16}$$

$\sum_{r=1}^{n} E t_r^{-\sigma_M} P_M^{\sigma_M - 1}$可看作其他地区对于$i$产品的消费潜力，也就是$i$产品的市场规模。市场规模越大，则$y_i$越大。另外，市场规模与运输成本$t$有关，$t$越小，市场规模越大。由于服务品生产地与消费地具有不可分割性，其他地区的人必须到本地来进行本地服务品的消费，其花费的成本亦可看作tP。因此，工业品和服务品的分析是相同的。由此，我们得到假说2：市场规模与运输成本有关，运输成本越低，则市场规模越大。高速铁路的开通降低了产品的运输成本和消费者的流动成本，因而扩大了市场规模。市场规模的扩大增加了对产品的需求，因而促进了产业的集聚。

（二）劳动力流动

假设劳动力可以自由流动，工人倾向于到实际工资水平高的地区去，以获得更高的收入。这与地区的人均收入水平、贸易品的价格指数（工业品与服务品的价格指数）有关。当劳动力实现均衡时，各地区的实际收入应相等，均等于平均收入。我们用V_N表示N地区的实际收入，用$\overline{V}$表示各地区的平均收入，用v_N表示N地区的名义收入，则有：

$$V_N = \frac{v_N}{P_M^{\mu} P_S^{1-\mu}} = \overline{V} \qquad v_N = \frac{E_N}{L_N}$$

$$L_N = \frac{E_N}{\overline{V} P_M^{\mu} P_S^{1-\mu}} = \frac{E_N}{\overline{V}\left[\int_{i=0}^{n} (tp_i)^{1-\sigma_M} di\right]^{\frac{\mu}{1-\sigma_M}} \cdot \left[\int_{j=0}^{m} (tp_i)^{1-\sigma_S} dj\right]^{\frac{1-\mu}{1-\sigma_S}}} \tag{17}$$

根据式（17），L_N是运输成本t的减函数。高铁开通后，通过降低劳动力的流动成本扩大了城市的劳动力规模。根据上文中的分析，劳动力总量越大，则厂商数量越多，产业集聚越明显。由此，我们得到假说 3：高铁开通降低了劳动力的流动成本，促进了劳动力的集聚，从而促进了产业的集聚。

（三）知识溢出

很多文献证明企业的集聚不仅对相似产业，而且对整个经济部门都具有明显的知识溢出效应。产业的集聚是厂商之间通过技术扩散和知识学习实现集聚优势和获得竞争力的重要因素。根据韩峰等（2014）的研究，我们将最终部门的边际成本设定为产业专业化集聚和多样化集聚的减函数：

$$mc = k_0[(SI_i)^{\alpha}(DI_i)^{\beta}]^{-\theta} \theta>0$$

式中：k_0为常数，表示其他因素对边际成本的影响；SI和DI为产业的专业化集聚和多样化集聚；θ表示产业集聚引起的总体空间技术溢出效应对最终部门边际成本的影响弹性；α和β分别表示产业专业化集聚和多样化集聚引起的溢出效应在总体空间溢出效应中的份额。

根据式（12）和式（17），用边际成本替代式（12）中的a，得到：

$$y_i = \mu n M\left(\frac{\sigma}{\sigma-1} w\right)^{-\sigma} \cdot k_0^{-\sigma}[(SI_i)^{\alpha}(DI_i)^{\beta}]^{\theta\sigma} \tag{18}$$

式中：M表示市场规模，n表示所有地区的个数，w表示工资水平。

由式（18）可知，当产业专业化集聚水平和多样化集聚水平提高时，产品的边际成本会降低，从而降低产品的价格，最终扩大了最终产品的需求，促进了企业的集聚。

索引